假新聞

FAKE NEWS

21世紀公民的
思辨課

Karoline Kuhla
卡洛尼娜．庫拉——著　顏徽玲——譯

推薦序——

每個公民，都有知的權利

《明鏡》週刊副總編輯／**蘇珊娜．拜爾**

跟我一開始當記者的時期相比，我常想，雖然職業名稱沒有變，但工作形式實在是不可同日而語。

我的記者生涯始於一九八九年的秋天，也就是柏林圍牆倒塌前幾個禮拜。當時，我剛搬離家裡，在一間報社工作。報社在一個小城市的郊區，我的工作就是報導這個小城市的新聞。

坐在大辦公室裡聽著一樓的印刷機印報紙的聲音時，同事與我都心知肚明，幾個小時前寫的東西，大概只會有一天的壽命，接著他們就會消失在垃圾桶裡。

那時辦公室裡還聽得到打字機答答的聲音。當時也有電腦，但是必須要輸入長又複雜的密碼，才能使用繁複的文書處理系統。沒有半個同事家裡有電腦。

報紙的版面得用一種特別的尺和非常尖銳的鉛筆在紙上設計。當時也沒有手機。黑白的照片，必須使用一種非常刺鼻的藥水沖洗，沖洗照片還得到大辦公室隔壁的暗房裡。

由於一般人認為地方記者是非常有影響力的人，我們通常都會受到特別的禮遇。有一次我要報導一個鑽石婚宴會，卻太晚赴約，結果在場的人問我為什麼地方記者的汽車上沒有跟警車一樣裝警笛，畢竟我們也算重要人物，需要在事發的第一時間就抵達現場。

當時，公開發表文章是一件非常特別的事。人人都可發言的網際網路，可說是陌生名詞。寫作和發表在當時是作家跟記者才享有的特權。

這一切已經是二十八年前的往事了。

現在的我整天都坐在電腦前面，就連出門在外我也不忘帶電腦和智慧型手機。新聞更新的速度不再是一天一次，而是分秒必爭。現在大部分讀者不知道寫文章的人是誰，不像過去在小地方有很多人認識報社的記者。

我並不是要說過去的時光就一定比較好，只是時代變得非常的不同。這些變化帶來好處，當然也會有缺點。本書作者卡洛尼娜．庫拉描寫了數位化如何改變新聞工作，也解釋為什麼記者不像以前一樣受人重視；此外，為什麼這樣的變化會帶來一些難題，但也是另一種轉機。

新聞工作者職涯中的過去和現在的相異之處，並不是單純用時間變遷就能解釋的：現在的我不再為地方小報工作，而是在一家新聞週刊任職。《明鏡》週刊的總部位於漢堡，但是我們很少報導城市裡的新聞，取而代之的是全世界的新聞。有些讀者可能知道我們是誰，但是對大多數人來說，我們只是陌生人。我們跟地方記者不同，我們距離讀者較遠。但是我們的工作核心本質其實和地方記者差不多。

為了報導新聞，我得即時趕到事發現場，或是重回事件發生地點。卡洛尼娜·庫拉在本書描述的則是用另一種方式產生的文章。這些文章的基礎是謠言、未經查證、甚至是有意散播或複製的消息。這些來自謠言的假訊息已經散播全世界了，根本無法清理。

對讀者來說——順道一提，新聞工作者也是普通讀者——要分辨假新聞與符合新聞工作規範的文章，並沒有那麼簡單。

正因如此，這本書就顯得更重要。書中不但解釋了兩者差異之處，也告訴讀者新聞工作的來龍去脈，以及真正的新聞和假新聞的差異為何。

每個公民都有知的權利，所以新聞自由是民主制度的重要元素。每個公民應有意識地善用這個權利。這本書將帶領我們成為懂得批判思考的讀者。

推薦序——

每個人都肩負啟蒙的責任

中正大學傳播學系教授／**胡元輝**

假新聞到底長什麼樣子？

還有人在為真相而奮鬥嗎？

我們該做些什麼，才不會成為散播假新聞和謊言的幫兇？

以上是本書作者開宗明義詢問讀者的問題，此刻的你是否心中已經有了答案？二〇二〇年初，英國牛津大學路透新聞研究中心針對全球四十個國家或地區進行了一項大規模調查，結果發現對新聞抱持信賴者只有三成八，對社群媒體上的新聞信任度更只有二成二。此外，有五成六的受訪者對於分辨網路訊息的真假感到憂慮。從此一調查來看，如果身為全球公民一分子的你，也對假新聞或假訊息的問題感到困惑，其實不算特別。但如果你根本不想找到這些問題的答案，事情就麻煩了。

為什麼會這麼說呢？因為許多專家與機構都發出警訊，我們正處於所謂「後真相」的時代，亦即一個不怎麼在乎真相，不怎麼關心事實的時代。麻煩的是，這項警訊同時強調，一旦我們對事實與真相失去興趣或信心，那麼許多愛以謊言欺騙民眾的權勢者必將更無忌憚，各種反民主的力量亦將趁勢而起。其結果，我們將不只失去個人生活的自主與安全，更可能讓數個世紀以來人類所奮鬥打造的民主體制出現瓦解之虞。

此時此刻，我們顯然必須重溫十七、十八世紀「啟蒙時代」的歷史，亦即人類從神學教條邁向理性思維的發展歷程。不過數百年前，人類猶沉浸於封建式的信仰氛圍之中，不敢承認理性的重要與價值，但經過許多啟蒙時代思想家與民眾自我覺醒的努力，那個反理性、非理性的時代終究過去了。未料，數百年後的今天，一個號稱科技先進、資訊發達的時刻，人類竟然又在假訊息的幽靈下，恍惚回到理性蒙昧的時代。

今天，在有心人的操弄之下，許多人不僅分不清訊息的真假，甚至無意釐清事實與真相。當有人試圖求證事實時，不少人訕笑事實從來就不存在；當有人希望捕捉真相時，不少人揶揄真相根本無處可尋。啟蒙運動哲學家康德曾經大聲疾呼：「勇敢善用你的理性。」並將啟蒙運動視為人類的最終解放時代。無奈，二百多年後的今天，人類並未真正從無知與錯誤狀態之中解放，以致本書作者卡洛尼娜．庫拉直言：「目前的局勢強迫社會為了啟蒙運動的價值而奮戰。」

或許正是基於此一未完成的啟蒙責任，本書除了精要闡述假新聞的身世之外，更重要的是，作者細數了我們在打擊假訊息的戰役上所可採取的種種策略。其面向不僅涵蓋政府、社群平台業者、新聞工作者等等，更將民眾納入打假的行列。「每個人都可以採取行動對抗假新聞」，因為數位時代中的個人已經不是被動的閱聽人，而是兼具資訊生產者與消費者身分的主動閱聽人。每個人都「應該負起責任：在社群媒體採取任何動作前，都應該深思熟慮。想想啟蒙運動，善用理性思考！」

不過，要讓大眾負起對抗假訊息的責任，就必須武裝大眾的思想與能力。因此世界民主國家莫不重新正視媒體素養教育，希望每個人都能成為破解假訊息的第一線尖兵，化解它對當代社會與民主所形成的莫大挑戰。以歐洲為例，歐盟自二〇一五年之後就陸續發布多個政策文件，希望透過媒體素養來因應民粹主義、仇外心理、激進主義的上揚，以及假訊息所造成的危害。歐盟執委會在其官網的媒體素養政策專頁中強調：「媒體素養，亦即近用、批判性理解以及與媒體互動的能力，從未如今天社會般的重要。」

不只歐洲如此，培育公眾媒體與資訊素養已經成為全球民主國家對抗假新聞的重點工作，其中學校教育尤為重點。「大數據時代的屁話」是美國華盛頓大學一個新聞素養課程簡介的標題，開課的伯格斯特倫（Carl T. Bergstrom）與韋斯特（Jevin West）教授分屬生物與資料科學領域的學者。根據《哥倫比亞新聞評論》乙篇介紹該課程的專文記載，蜂擁而來的選修學生對教授們批判網路訊息「屁話連連」的聳動說法，似乎已經「處之泰然」。

確實，正如兩位教授所言，人們每天在社群平臺上耗費不少時間，但大部分時間都在分享屁話，以致網路上的成堆屁話都要把人給淹死了。正因為如此，所以兩位並非傳播專業的教授特別開設新聞素養課程，希望學生能夠懂得如何評估生活中氾濫成災的訊息。韋斯特教授特別強調：「當狗屁成為現實時，就是我們作為一個社會應該關心的時候。」

誠然，假新聞或假訊息已經對人類社會造成衝擊，並對當代民主形成挑戰。如果我們不願認真求解，亦不願積極應對，假訊息必將反噬我們既有的社會基礎與民主成果。本書作者因此特別回顧啟蒙運動的歷史，召喚啟蒙時代的精神，希望大家理解人類今天的發展乃是奠基於理性的啟蒙。「假新聞現象帶來的挑戰，使我們每日得重新搏鬥，爭取理性價值。理性的果實並非理所當然的，已經獲得的東西若不維護，是無法持久延續的。」

本書的出版社 Carlsen 在德國以出版童書與青少年書籍知名，德國乃歐盟國家之一，本書的出版可以視為德國社會重視青少年辨識假新聞素養的具體表徵，亦為現代公民素養的基本讀物。它不僅對假新聞或假訊息作了深入淺出的病理解剖，亦清楚整理了我們可以共同努力的方向。當人類的蒙昧持續纏身，無法掃除殆盡的時候，啟蒙就將是人類無可停歇的戰鬥，亦為當代公民無可逃脫的責任。

CONTENTS

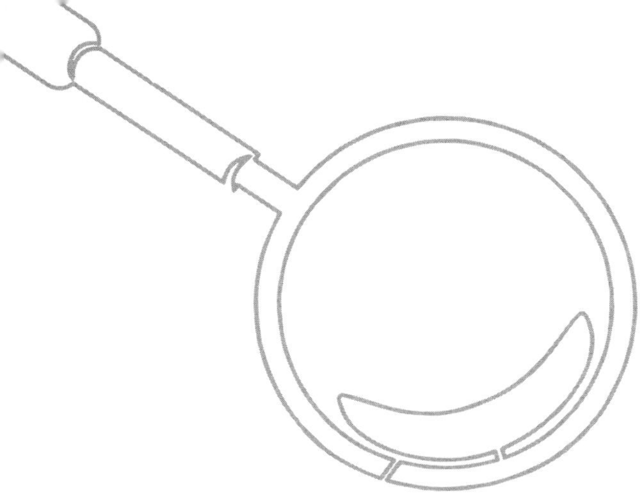

前言

這個世界是怎麼了？

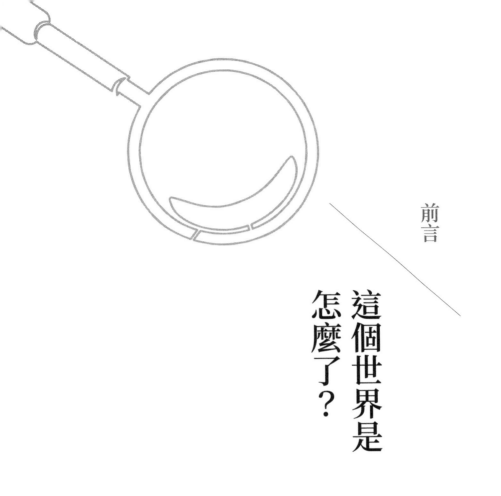

「上面的人都不能信。」「記者都被收買了。」「媒體都被柏林統治了。[1]」「謊言媒體，閉上狗嘴！」這些句子目前在德國隨處可聞，尤其在示威遊行及固定聚會，更是少不了這些話題。社會的氣氛不和諧，對記者及媒體的不信任，更是史無前例地強烈。不管是電視新聞，還是報紙文章，有些人已經不相信新聞工作者的報導。「這有什麼關係呢！」有人也許會這麼認為。「人本來就可以自己決定要相信誰。」這個大原則並沒有錯。但是如果人民對於正統的媒體報導愈來愈不信任，或者認為新聞為柏林的總理辦公室所帶的風向，那麼我們就要好好地研究，這些擔憂是怎麼來的。如果採取不信任態度的人也不願意討論，那我們更應該好好地調查原因。任何反對他們理論的論點，都會被拿來當作媒體說謊的證據。

並不是只有德國人懷疑媒體的可信任度，或者一竿子打翻一條船的記者。「假新聞」這個用語深受美國總統川普的青睞，他在推特上謾罵媒體的時候，特別愛用這個詞，而且還用大寫標示。這很容易讓人想起漫畫裡的對話泡泡：講話大聲時，要用大寫和粗體字來表示。由於我們已經知道漫畫裡的強調語氣，所以川普用這個方式，會讓我們好像聽到他在大吼。這種做法讓人感覺到尖銳的語氣，彷彿看到人與人之間已經無法好好溝通，只能透過社群媒體大吼大叫。

「假新聞」這個概念之所以能深植人心，川普的功勞可不小。然而，他和許多媒體用這個概念，到底在指責什麼？真的有「假新聞」嗎？假新聞到底長什麼樣子？「假新聞」和「謊言媒體」是同一件事嗎？新聞工作者到底在做些什麼？誰決定他們要報導什麼、誰付薪水給他們？還有人在為真相而奮鬥嗎？我們該做些什麼，才不會成為散播假新聞和謊言的幫兇？本書會告訴你答案。

1. 譯註：柏林為德國首都，也是聯邦政府所在地。此為媒體都成了國家機器之意。

首先，我們必須研究另一個問題。德國前總理柯爾說的一句話非常貼切：「對過去一無所知的人，便無法了解當下，也沒辦法策劃未來。」向前瞻望之前，我們必須先回首過去：事情怎麼會演變至此？

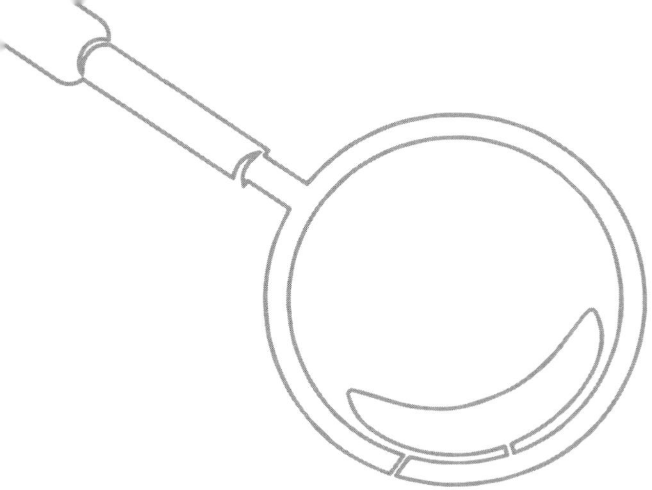

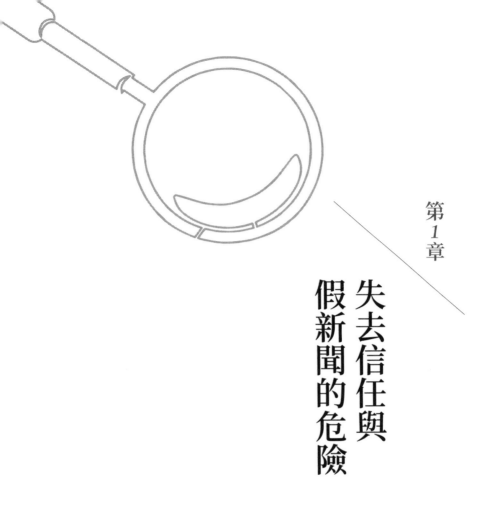

第1章

失去信任與假新聞的危險

大多數的改變並不是革命來的，而是漸進式的變化。直到有一天有人驚覺：事情怎麼會變成這樣？

「謊言媒體」和「假新聞」一開始也是零零星星的出現。這些概念的源頭顯然是一群憤怒無助的人的氣話，這些用語剛開始出現在公開言論時，還被當成極端言論。現在，這些詞彙早已成家常便飯。要追根究柢，我們必須去問，這些人為什麼會憤怒無助，他們為什麼要打破禁忌？

從新聞的標題我們不難看出過去這三十年是多麼聳動：「哥們弊案[2]」、「性侵醜聞」、「銀行危機」。回顧過去的重要新聞，你會發現弊案、醜聞及危機這類詞彙比比皆是。這些新聞當然非報導不可，更何況，這些新聞帶來的震撼可不小。這種形式的標題，讓人有種醜聞怎麼追也追不完的印象。報導的手法非常緊湊，位置一定是放在每天頭版頭條，除非有新的醜聞出現，不然舊醜聞一定會被翻來覆去報導到爛。為了使新的醜聞得到更多關注，有一些記者認為，他們必須叫得更大聲，批評得更嚴厲，寫得更聳動，任何一個有關醜聞的小細節都會被放大檢視（詳見頁六十二）。聳動的程度像滾雪球一般愈滾愈大，才能引起讀者的注意。但是這種變化是漸進式的，所以很多讀者——就像很多記者一樣——根本沒有馬上發現。回首過去的足跡，我們才明白，頭條新聞的腥羶風格，造成人民的情緒愈來愈激動。

這幾年來，德國有很多人愈來愈不信任某些政治人物和相關政府部門，這個現象並不只有在媒體發酵，很多領域的管理階層都被影響：政治人物、經濟首腦、銀行家、軍人、運動員、演藝人員、教師和精神領袖。不僅個人的醜聞、弊案到處都是，牽涉的機構也不少。此外，這個時期的政治改變可說頗具歷史意義，比方說：烏克蘭衝突、難民危機等。媒體處理這類報導的手法並不可取，不但導致人民不信任這些被報導偏頗的人，連媒體也賠上了信譽。

2. 譯註：指前巴伐利亞州長 Max Balthasar Streibl 在巴西度假由飛機廠商買單的醜聞，這家廠商後來得標武器訂單。原文為 Amigo-Affäre: Amigo 是西班牙語好朋友、好哥們的意思。

醜聞弊案到處可聞

為數眾多的醜聞和弊案皆有一個共同點：一方面是，有人犯了錯；另一方面則是，犯錯者怎麼處理犯錯這件事。如果事件主角試圖掩飾錯誤和所作所為，或者不認帳，那麼他傷害的是自己的信譽，這件事也就成了不折不扣的醜聞。連帶地，犯錯者不僅傷害自己，也傷害了其他人、他們所代表的政府部門或機構，以及任職的公司。

一九九〇年以來，世界各地的天主教會組織都發生了性侵案，神職人員對信任他們的兒童性侵、強迫性交、虐待。有些神職人員甚至是學校或是寄宿學校的老師，跟學生的關係密切。對學生而言，要抵抗教師是件難事，因為教師處於較強勢的位置。

不管在哪一個國家，若有人對兒童下此毒手，都必須去報警處理。然而，就算這些受害兒童提起勇氣跟父母或其他可信任的人告知此事，教會採取的手段卻少之又少，甚至完全沒有反應。值得注意的是，教會的上級甚至會試圖掩蓋這些事件。連續多年性侵兒童的神職人員，常常不過是被調職處理，結果這些神職人員到新的地方繼續加害其他兒童。等到這些受害者長大成人，其中才有一些人會提起勇氣去報警。隨著愈來愈多的案件爆發，也讓人發現這是一個全球性的問題：世界各地都有兒童慘遭神職人員的毒手。全球的教會組織卻沒有嚴肅看待這個問題，反而是試圖掩蓋。天主教會的名聲、信譽以及仁愛的典範深受重創，結果造成全球性的退出教會潮。二〇一〇年柏林天主教文理中學卡尼修斯學校（Canisius-Kolleg）神職人員性侵學生的案件曝光後，該年德國有十八萬人退出天主教會，比案發前一年增加了百分之四十。

世紀交接之際，德國基督教民主聯盟接受非法政治獻金事件曝光。整個事件的枝微末節太繁瑣，無法在這裡詳細敘述。重要的是，這些相關事件的關鍵人物是柯爾。事件爆發時，他已經當了十六年的德國總理，也是促進兩德統一的推手。柯爾在任的期間，其實是德國的黃金時期。沒想到，人民竟然會得知他們所敬愛的前任總理和其他德國基督教民主聯盟的政治人物，背著人民和政府機關，為自己的黨派收受非法獻金。由於柯爾沒有說出政治獻金的捐獻者是誰，德國人對於基督教民主聯盟的信任蕩然無存，人民對政治也失去信心。一九九八年基督教民主聯盟的民調還很高，甚至達百分之五十。政治獻金弊案爆發後，民調支持度跌到百分之三十五。一直到二〇一三年，基督教民主聯盟與巴伐利亞基督教社會聯盟（CDU／CSU）才在聯邦議會選舉重拾百分之四十的選票。

美國不動產業的投機生意導致了二〇〇七、二〇〇八年的銀行危機，進而演變為全球性的經濟危機，部分銀行——包括德國的銀行——面臨破產。由於銀行倒閉可能導致經濟大震盪，外加失業人口不斷上升，政客們決定用納稅人的錢去拯救銀行。很多人不明白這個經濟危機怎麼會發生，原因實在是太複雜了。同時，一般民眾也無法了解，如果不用稅款拯救銀行會有什麼後果。當時，德國約有百分之十的人負債。雖然這個例子不一定很恰當：當時有很多人無法理解，為什麼私人欠債得償還自己的債務，銀行則不用，咎由自取的銀行債務卻得用政府的稅金收入償還。

二〇一一年，時任國防部長古滕貝格（Karl-Theodor zu Gutenberg）（巴伐利亞基督教社會聯盟），三十九歲的有為青年，被爆料論文抄襲。東窗事發前，古滕貝格可算是媒體寵兒。根據調查，德國六大報，包括《法蘭克福匯報》，十八個月來報導他的文章就超過六百篇。

古滕貝格一開始否認抄襲論文，接著他一步步承認論文有問題——這就是人稱「薩拉米香腸戰術」的漸進手法。因為他只坦承部分事實，好比切香腸一樣，只看到一片片的香腸。一直到他念博士的母校取消他的博士資格，他才引咎下臺。德國很少有政治人物可以在這麼短的時間內走紅，但也正因為這個原因，古滕貝格讓人更失望。媒體也表達了對他這種不良行為的震驚，「說謊的伯爵」之類的用語被炒得沸沸揚揚。接下來，整個德國展開了一場抄襲論文追逐戰。網路上有人開始追查許多名人的博士論文，時任教育部長的安娜特・莎萬（Annette Schavan）（基督教民主聯盟）、自由民主黨的歐洲議會議員席瓦娜・寇賀梅林（Silvana Koch-Merin）和悠哥・夏吉馬卡奇斯（Jorgo Chatzimarkakis）、政務顧問瑪格麗塔・馬地歐波絡斯（Margarita Mathiopoulos）都丟了博士頭銜。

二〇一一年十二月，有些記者以為他們抓到了總統克里斯汀・沃爾夫（Christian Wulff）說謊的把柄。他之前擔任下薩克森州州長時，曾經被質疑是否與一家名叫衣貢・葛肯斯（Egon Geerkens）的公司有業務往來，他當時否定這項質疑。結果，德國《圖片報》卻發現沃爾夫私下借款五十萬歐元給葛肯斯太太，做共同置房產之用。按照一般程序（詳見頁一三六），《圖片報》在公開報導前給予沃爾夫表態的機會。沃爾夫當時人在外國出差，打了電話留言給《圖片報》當時的總編輯凱．迪克曼（Kai Diekmann），這則留言一直沒有完整公開，但是由節錄的片段可知，沃爾夫請迪克曼寬限一點時間，好讓他有時間反應。另一方面，他也威脅要控告，提及他們即將展開一場戰爭。如果《圖片報》真的把報導公開，總統將與施普林格出版社永遠決裂。二〇一一年底，《週日版法蘭克福匯報》公開了沃爾夫給迪克曼的留言。部分記者批評沃爾夫違背媒體新聞自由（詳見頁一〇〇）。

這件事情爆發前，沃爾夫和古滕貝格一樣，也是媒體寵兒：沃爾夫夫婦形象良好，是入主貝爾維尤宮總統府最年輕的總統夫婦。然而，這種正面的形象一夕之間改變了。他們的生活被記者挖得體無完膚，每個禮物、每封邀請函、每次度假都遭徹底調查，是否牽涉任何收賄。報章雜誌充斥了有關沃爾夫的報導，有些甚至到了荒誕不經的地步——連到底是誰付了沃爾夫替兒子買娃娃車子的錢都有人大做文章；很顯然的，媒體引起的旋風讓檢調機關印象深刻。為了調查沃爾夫，檢調單位必須提請撤銷總統的免責權，否則就無法針對總統展開任何調查動作，同樣的規則也適用於立法機構的民意代表。檢調單位提出撤銷免責權時，沃爾夫就辭職下臺了。

後來針對克里斯汀·沃爾夫的二十一項收賄指控只剩下一項：事關一筆好幾百歐元的旅館帳單。二〇一四年二月，沃爾夫無罪開釋。

沃爾夫的例子在在顯示：依賴《圖片報》登上媒體寵兒的位置的人，也會被該報丟入深淵。這句話其來有自，套句記者的行話，沃爾夫在醜聞事件爆發前就被包括《圖片報》在內的各大報章媒體「造神」。有些人甚至說，沃爾夫跟《圖片報》有某種程度的生意往來：總統夫婦把自己的故事和照片送給《圖片報》當獨家新聞，所以《圖片報》客客氣氣地報導了他們的故事。大家各取所需，合作愉快。

後來關係生變時，《圖片報》毫不留情，也用了大篇幅拉他後腿，這個事件演變成德國總統與好幾個媒體的權力鬥爭。事過境遷後，德國記者聯盟（DJV）調查發現，有些記者的行徑的確太過誇張，「沃爾夫的例子對新聞自由來說頗具教育寓意，新聞自由並不是用來煽動記者的個人情緒及權力慾望。新聞自由不該用來當作滿足個人私欲和鞏固權力的工具，不該以逼人引咎下臺為樂。新聞自由為民主制度而生，並非追殺獵物的畜生」，《南德日報》的記者賀黎伯特．潘特爾（Hribert Prantl）事後評論道。當時的德國記者聯盟理事長米歇爾．康肯（Michael Konken）認為克里斯汀．沃爾夫事件還是具有歷史意義：「從今天的角度來看，沃爾夫打電話到《圖片報》總編的留言也是試圖影響新聞報導的行為。」

國家有些規則需要人人遵守，只有人人遵守，規則才能發揮效用。沃爾夫或古滕貝格的醜聞令人民氣憤，因為這些政治明星想要違反規則行事。這幾年，包含了政界以外的範圍，類似的例子不少，而且非常引人側目。最令人關注的例子就是逃稅風波，比方說前《時代報》發行人提奧・桑默（Theo Sommer）、拜仁慕尼黑足球俱樂部理事長烏利・洪內斯（Uli Hoeneß）、新聞工作者兼作家愛麗絲・史瓦茲（Alice Schwarzer）、前德國郵局理事長克勞斯・祖姆溫克（Klaus Zumwinkel）及網球明星鮑里斯・貝克（Boris Becker）。這些人收入很高，比大多數德國民眾高得多，連這些人都試圖逃避賦稅的義務。繳稅的目的不僅是用來蓋學校、鋪路，也是社福機構的財政來源。名人逃稅會讓乖乖繳稅的人民覺得不公平。

對很多人來說，柯爾、沃爾夫、洪內斯的醜聞距離自己的日常生活很遙遠，和家庭、工作與學校關係不大。多數人希望有人會關心自己的問題和煩惱——媒體和政治該關心的正是這些問題和煩惱。媒體報導這類主題時多用人物側寫的形式來處理。定時得知民眾生活過得如何，也是政治人物關注的焦點，他們通常會委託民調機構調查。在一個調查德國貧富問題的網站上，第一個問題便是：「為什麼我們要報導德國的貧富問題？我們應該公開討論國內的貧窮和財富不均的問題。」該網頁的背景就是所謂的聯邦政府的貧窮及財富報告。一九九九年，社會民主黨及聯盟90／綠黨要求聯邦政府針對德國的貧窮及財富做報告。這份報告前後出版了五次，德國聯邦勞動及社會事務部每四年就會出版一次，但是現在眾所皆知，這份報告就像政府其他報告一樣，是個美化過的版本，負面觀點多被放到檯面下了。

二〇一二年的報告特別明顯，勞動部的第一個版本先被送到其他部會會審，修改過的版本刪去了一部分章節和資訊，有些內容被模糊焦點。第一個版本裡面還有薪資水準，薪資高的人薪水逐年提升，低薪者這十年來薪資卻逐漸下降，收入的差距也愈來愈高，這個事實傷害了人民的「公平正義感」，也危及了「社會團結」氛圍。於是，接下來改版的報告中，這些資訊便消失了。「二〇一〇年德國有超過四百萬人工作時薪低於七歐元」這個句子更是整句被刪。

記者知道原始版本的內容，所以可以報導其中差異，報告顯然是被經濟部修改過。在媒體不停追問下，時任的經濟部長飛利浦・羅斯勒（Philipp Rösler）回覆：「原始版本和聯邦政府的意見不合。」問題的本質在於，到底是意見重要還是事實重要？

幾個月後，報告正式出爐，羅斯勒再次強調：「德國人的日子還沒有這麼好過。」這句話對生活困苦、被經濟部長刪掉的貧窮族群來說，真是一大諷刺。

德國總理之前也在聯邦議會提到過：「德國人的生活可說是史無前例的好」。對於生活沒有改善的窮人來說，他們是被德國排除在外的族群。二〇一六年，梅克爾在聯邦議會又重述了這句話：「現在德國人的生活可是過得很好。」不過這回她語帶保留，因為她之前的發言引起不少噓聲。

她在前面加了幾個句子：「雖然可以批評的點很多——我知道，有很多人生活在困境裡，我也認為，靠社會救助以及失業給付過活的人口還是太高，我們必須努力改變這個事實——我們還是可以說：現在德國人的生活可是過得很好，這一點是不容置疑的。」幾個月後又有風聲說，聯邦政府改了下一期的貧窮報告。

這些更改之處後來被公開，因為當初把研究結果整理成報告的學者，找上了媒體。對某些人民來說，聯邦政府一方面在媒體前打著人民生活幸福的旗幟，另一方面卻刻意美化了德國還有人生活困苦的事實，實在令人沮喪。出版人諾伯特·史耐得（Nobert Schneider）發現，許多人有種「我根本不存在」的感受。這些人想要獲取關注和認同，他們希望貧窮這件事受到社會重視。

政治危機

歐盟東部的烏克蘭與鄰國俄羅斯，發生了武裝衝突。媒體是否能中立於黨派立場報導，引起很大的爭議，所以這場戰爭對媒體可信度來說，扮演了重要的角色。這個戰爭分很多階段，複雜程度可以寫成一本書了。在此我們只能簡單整理，烏克蘭到底經歷了哪些事件，來討論這個新聞主題。

二〇一四年俄羅斯部隊占領了烏克蘭的克里米亞半島，事發後的作假公投結果是，百分之九十五的居民偏向歸屬俄羅斯。

莫斯科運送軍火支持分離主義者，讓烏克蘭東部的頓涅茨克與盧甘斯克得以對抗烏克蘭部隊。分離主義者目的在占領烏克蘭東部的領土，與俄國結盟。二〇一五年二月，烏克蘭政府與烏克蘭東部的頓涅茨克人民共和國、盧甘斯克人民共和國兩個政權代表簽訂了《明斯克協議》，協議停火。時至今日，這個協議內容仍經常被視而不見，二〇一七年七月中旬分離主義者甚至在頓巴斯宣布成立小俄羅斯國。

要進烏克蘭與被占領地區報導很難，不光是因為戰爭的緣故，而是國際上也視這個衝突為燙手山芋。烏克蘭記者馬克新・亞歷司塔維（Maxim Eristavi）一方面替美國媒體工作，另一方面也替俄羅斯國家媒體工作，他於二〇一五年描述：「身為烏克蘭記者，我的工作日常是一場殘忍的資訊廝殺戰。從俄羅斯與烏克蘭交惡以來，這裡就上演了一場政治宣傳戰戲碼，我們身陷由錯誤資訊和半生不熟的詮釋組成的泥淖中。」俄羅斯記者同事曾經告訴同是駐烏克蘭記者的德國公共廣播聯盟的女記者格麗聶・阿泰（Golineh Atai），俄國記者是怎麼工作的。國家會發給這些記者戰略書，裡面「規定記者如何論證、報導應該符合什麼形式，該用哪些詞彙等。」現在確有證據顯示俄國政府正把影響力的魔手深入分離主義地區（詳見頁九〇）。

俄羅斯否認參與了烏克蘭的軍事衝突，儘管俄籍士兵被逮捕時有所聞；同時，西方媒體也被譴責報導偏頗，傾向有利歐洲的報導，部分西方媒體記者要進入分離主義地區難度也變高了。愛麗絲．波塔（Alice Bota），《時代報》駐莫斯科記者，一方面從烏克蘭的志願軍的角度報導，一方面也從有俄羅斯撐腰的分離主義角度報導。此外，她也關注占領區生活在防空洞的人民。「我們的工作核心，」波塔寫道，「是從雙方的觀點去報導衝突，以便更瞭解衝突問題……但是總是有人要阻止我們從多方角度切入。」後來，她和同事要入境親俄的占領區時，受到百般阻撓，使得後來他們無法從分離主義地區報導。「報導嚴重缺乏被用來當作攻擊作者的理由。俄國外交部指責西方媒體，僅從烏克蘭的角度報導，這項指責的確一語中的：兩年來，《時代報》沒有發表任何來自分離主義地區的報導，原因是我們根本進不了戰地。」肯定有不少西方記者，包括德國記者，抱持親歐的立場看待烏克蘭的衝突。「然而，」亞歷司塔維表示，「在看熱鬧、一概而論、偏見[3]和（來自俄國的）白色謊言之間還是有差異的。」

烏克蘭危機期間，德國有許多讀者和觀眾大肆批評記者。「就好像有人在二〇一四年打開了某個開關，許多意見和反饋跟高射砲一樣轟隆作響。」德國公共廣播聯盟新聞部總編凱・葛尼費克（Kai Gniffke）回憶道。對媒體工作的敵意從未如此高漲，連「謊言媒體」之稱都出現了（詳見頁七十二）。

二〇一五年夏季的難民潮，也就是德國與歐洲的「難民危機」是最近歐洲史上的第二個危機。一連好幾個月，電視上可見地中海上塞滿難民的船隻畫面，中東及非洲地區的難民走海線冒險搭著充滿危險的小船，就是為了到歐洲申請庇護身分。他們來自戰火地區，飽受政治迫害或貧窮摧殘，帶著絕望的心情，甘願承擔在地中海溺斃的風險逃出家鄉。中東的難民則選擇巴爾幹半島作為到歐洲的跳板，這些路線稱為巴爾幹路線。

3. 作者註：以上指來自西方世界的觀點。

任何非歐洲人，因為戰亂或政治迫害原因，只要抵達歐盟的任何一個國家，就可以提出庇護申請。這個申請必須於難民抵達的第一個歐盟國家提出，接到申請案的國家負責審查決定，這就是所謂的都柏林協議。繼續前往其他國家的難民，會被遣送回原來抵達的第一個歐盟國家。德國四周都是歐盟鄰國，除非是如《時代報》所描述的，「從天上掉下來」的，沒有任何難民可以不經過其他歐盟鄰國抵達德國。

九月的第一個週末，整個局勢可說是抵達高峰。幾天前，德國的聯邦移民難民署在推特發文：「＃敘利亞籍的難民現在不適用都柏林協議。」這表示：即使是沒有註冊的難民，德國也收留。成千上萬經由巴爾幹路線的難民開始徒步往奧地利及德國的方向移動。梅克爾和當時的奧地利總理維爾納．法伊曼（Werner Faymann）想要避免難民被警察、甚至軍人攔截。他們認為，這樣會造成德國與歐洲不合的印象：重裝的軍人和絕望的人民會形成強烈的對比。後來，難民搭乘火車或巴士，先到奧地利，然後繼續往德國前進。慕尼黑的火車站站滿了服務志工，用掌聲、歡呼聲及飲料、生活用品歡迎難民抵達，難民兒童還有玩具可以拿。這些畫面很快就散布到世界各地，很多報章雜誌的頭條標題都是歡迎難民到來。新聞工作者也是人，有些記者被掌聲和志工的情緒傳染了。其實這種情形很令人頭痛，因為新聞工作人員應該保持中立（詳見頁一二八）。

在德國，並不是所有的人都樂見這樣的趨勢。政治界裡有人指責梅克爾接納難民的政策是個錯誤，巴伐利亞基督教社會聯盟黨主席，同時也是巴伐利亞邦的總理，便是反對接納難民的代表之一。反對者的批評點在於，這些難民既沒有註冊也沒有依照安全原則審查過。光是那個週末，就有一萬七千五百人湧進德國，接下來幾天，每天都有成千的難民湧進德國，之後的週末更湧進了兩萬人。右翼民粹政黨德國另類選擇黨，本來因為右傾失去許多支持者，此時突然敗部復活，表明反對難民收留的立場。

二〇一四年十月底，在德列斯登有所謂的「愛國歐洲人反對西方伊斯蘭化」運動。德國另類選擇黨與愛國的歐洲人反對西方伊斯蘭化陣線指出，西方文化會因為非歐洲人的移入受到威脅。二〇一五和二〇一六年，德國大約有一百二十萬人提出庇護申請；德國總人口為八千三百萬人，難民的比例占了總人口的百分之一點五。一直到匈牙利總理奧班．維克多（Viktor Orbán）於二〇一五年九月十五日下令關閉匈牙利南部的邊界，循巴爾幹路線而來的難民數才明顯減少。

然而媒體上的難民議題卻仍未平息；相反地，記者開始從各種角度探討這個議題，像政治、文化、社會、歷史等。很快的，難民議題無所不在，相關的新聞報導多到如過江之鯽。

當然，媒體必須報導難民危機和其影響，但是有段時間媒體幾乎失去分寸了。「有一段很短的時間，某個主題成了媒體的唯一議程，其他的新聞都被洗版洗掉了，」記者羅拉．迪亞茲（Laura Díaz）分析。「沒有人下令要這麼做，但是所有的人都盲目跟風。記者不再是爬梳者，而是聽命行事，激動地來回追逐各種危機的人。」這麼做並不是完全沒有後遺症：只有三分之一的德國民眾認為媒體盡到「平衡」報導難民危機的義務，將近一半的人認為媒體僅從「單方面」報導。根據《明鏡》週刊發表的阿仁斯巴赫（Allensbach）民調研究指出：只有四分之一的德國人相信，媒體報導的難民背景及家庭與兒童的占比是正確的。《世界報》記者烏利西・克勞斯（Ullrich Clauß）指出，當時媒體彌漫著一種「成功的報導模式」：把問題抽象化，轉機及影響具像化。當時已經有很多人開始思考大量難民所帶來的影響，他們擔心部分不識字或是教育程度較低的難民，尤其是年輕力壯的男子，可能會造成德國社會制度的負擔或社會資源濫用的情形。如果他們把家人接到德國，這個負擔可能會更大。很多人覺得自己不該公開表態、表示擔憂，同時也發現他們的擔憂跟媒體的立場完全不同。於是，有些人開始摒棄傳統媒體，也有些人開始用「謊言媒體」這個名稱。

口號不單純只是口號，有些地方還演變成行動。二〇一五年的一月到十一月間，全德國攻擊難民營的犯罪案件就有七百四十七件，形式從破壞設備到縱火攻擊都有，後者部分案件被評為蓄意謀殺。這些數字顯示，文字引起的沸騰情緒可能會演變成實際行動。

回顧這些年來的醜聞、危機，議題還不僅局限在前述的幾件，這裡只是舉了幾個特別具代表性的例子。其他如歐元及希臘危機，還有一些經濟危機，如：全德汽車協會二〇一四年的偽造會員投票結果事件、二〇一五年福斯汽車造假醜聞、二〇一六年的《巴拿馬文件》。期間還穿插一些恐怖攻擊事件：發生在尼斯、巴黎、倫敦、柏林、曼徹斯特等世界其他都市；此外，自然災害如地震、暴風、龍捲風、引發福島核災的海嘯等也破壞了許多人的日常生活。疾病及食品安全問題也是我們關心的議題：九〇年代的狂牛症、豬瘟、禽流感、德國食品摻雜馬肉的食安事件或伊波拉病毒。

由於媒體充斥著危機及令人恐慌的資訊，很多人乾脆不看電視新聞，也不打開報紙閱讀了。他們患了媒體恐慌症：世界上的問題和醜聞反正只會令人沮喪，民眾有種強烈的無力感，甚至成了新聞無感者。隨時隨地都可接收到來自世界各地的新聞，反而造成更大的心理負擔。

於是，有一部分的人開始跟國際事件切割，他們只想保護自己的家園，這些人渴望回歸過去美好又簡單的生活。很多國家有一類政治人物，就是專門承諾這個願景：德國有另類選擇黨，法國有國民陣線，美國有了川普。

然而，不過問國際事務的方向是錯誤的。「我們沒有權利過不受歷史影響的生活。」《明鏡》記者倪爾斯．明克馬爾（Nils Minkmar）寫道。全球化已不可逆，也停不下來了。這幾年，德國人對政治冷感，人民也不認為大黨派的代表可以代表民意，現在有了德國另類選擇黨可以訴說小民心聲。人民跟媒體之間的關係可用冰點形容，隨之而來的是，對媒體的譴責不斷，也就是我們要討論的「謊言媒體」或「假新聞」。

數位化

現代人可能早已無法想像，但是沒有網際網路的時代，以前確實存在。從前人從收音機、報紙或電視管道得知新聞，如果有人持反對意見，可以郵寄讀者投書或打電話給編輯。二十世紀末時，新聞工作者大致上還能決定哪個新聞值得報導，哪些消息不重要。新聞工作者具有守門員的功能，也是決定要公開發表哪些消息的人。

數位化改變了一切。當然，是漸進式的改變，但是我們前進的步伐愈大，數位化帶來的改變也愈大。網際網路可以容納無限量的資訊，現代人想知道什麼，第一個想到的動作就是到網路查詢，網路甚至可能是唯一的管道。正因如此，新聞報導也轉移陣地，比方說一九九四年《明鏡線上》就創立了。現今全球的媒體業都在網際網路開天闢地：把內容放在網頁上，或供人以應用程式方式提取，也和聽眾及觀眾聯絡互動。

對媒體世界來說，數位化有很多好處，當然也面臨不少挑戰。優勢很清楚：新聞工作者可以非常迅速對事件反應。從前記者還得等隔天早上的報紙出刊，現代人幾乎可以即時收到世界各地的新聞報導，如推特這類的社群媒體更是如虎添翼：同步新聞時代已經來臨。新聞網頁的即時報導就是一個很好的例子，讀者很容易就可以辨識哪些新聞是突發事件，哪些是可預期事件，如選舉或重要的足球賽。文字和圖片一印出來就固定了。但是，網路上的新聞是動態的，可以不斷更新、深入，甚至更正。當然，快速也有缺點，要在很短的時間內整理出事件概觀，釐清哪些內容該報導，並不是簡單的事。所以，新聞出錯的頻率也變高了（詳見頁一三八）。

數位化還有另一個優點，記者在網路上可以用各種形式報導，也可以把這些工具結合起來，多媒體的報導就是很典型的例子：文字、畫面、影片及音效結合推文和圖表。

新聞編輯找資料的方式也改變了。很多資料可以在線上檔案庫找到，而且還是數位的，可以快速傳播到全世界。所謂的資料新聞記者就是分析大量資料，比方在好幾頁的圖表裡找到補助措施最大的收益者，或者在《巴拿馬文件》找到可能逃稅的人。

很多新聞工作者把和讀者、聽眾或觀眾的互動視為優勢，但也是另一種挑戰。很多網頁新聞提供使用者評語功能，讓民眾發表評論，也有人利用臉書、推特和自己的部落格來和民眾互動。如果民眾能指出錯誤，或是切題討論，這種方式可說成效不錯。可惜的是，有些人覺得匿名身分得以作為他們謾罵毀謗的保護罩，其實這麼做已經觸犯法律。對媒體來說，最佳解決方案是媒體培養自有社群，可以充實並且有效參與討論。

「美好新穎的網際網路世界」刺激又多樣，也對紙本報紙及雜誌產生了巨大的影響。有了免費的網路訊息，我何必花錢去買印出來的東西？比較二〇〇九到二〇一四年德國書報攤販賣的報章雜誌和訂閱戶，百分之八十九的書報雜誌印製量都下降了，四百二十五種書報雜誌中，只有四十七種的銷售訂閱量是成長的。許多平面媒體正面臨生存危機。

在很多讀者的眼裡，網路的免費報導也讓新聞品質下降了，這道理人盡皆知：免費的東西沒好貨。

很多出版社開始考慮，未來要規劃多少預算給編輯部門。當時網路上幾乎所有的新聞都是免費閱讀的，只是偶爾會在網頁邊緣看到一兩則廣告。文章讀過的人愈多——即使他們只是點進連結——廣告的效果愈好。點閱率成了新聞行業的新指標，這造成某種不良影響，連正經一點的德國記者也受不了誘惑，於是新聞記者下標題的手法不外乎為點擊誘惑，英文稱做 Clickbaiting，bait 就是誘餌的意思。這些標題黨記者的目的就是希望引誘讀者點閱衝流量，有許多網頁如內容農場 Buzzfeed 或《哈芬登郵報》（*Huffington Post*）的業務模式就是採取這個原則。他們的標題或趣味問答題都會神祕兮兮地賣關子，引起好奇讀者非知道答案不可的胃口，進而點擊連結。一般傳統新聞網頁也被這個趨勢感染，標題下得愈聳動、問題愈刺激、圖片愈吸引人，點擊率便愈高，收入也就跟著水漲船高。對很多平面媒體業績慘淡的出版社來說，他們不得不重視這個收入來源。

然而，點擊率的毒癮也高度危險，可憐的讀者只是一次次失望，期待落空。由於一大堆不重要的消息變成了誇大的新聞報導，也令讀者怒氣沖沖。本書之前提到的醜聞報導也和這種趨勢有關。這種行為會給讀者留下不好的印象，時間一久，他們就知道這些新聞標題都是誘餌罷了。許多人會問，新聞工作者選題的方針是否仍然正確（詳見頁一二五），還是只是因為如記者自嘲形容的「有助提高點閱率」就被選上？

最近，線上新聞開發了一種新的財源模式，出版社不再以廣告作為收入來源，而是慢慢走向付費牆模式，也就是付費才能閱讀文章的方式。從現在的角度回顧，一開始免費提供所有網際網路新聞，可能是個錯誤，還好，轉換模式還算成功：願意付費閱讀的讀者有上升的趨勢。二〇一六年夏天的問卷調查結果顯示，網路上受訪的讀者中有百分之三十六的人在過去一年曾經在網路上付費閱讀新聞和報導；二〇一五年還只有百分之三十一的網路使用者付費閱讀。閱讀線上新聞的讀者群裡，付費使用者的占比更高達百分之四十八。

另一個新的趨勢是，線上新聞的消費者通常都會閱讀不同來源的新聞報導，所以這群讀者的觀點比較多元。令很多人跌破眼鏡的一點，也是數位化的另一個正面發展是，自從網路新聞興盛以後，對於媒體的信任度竟然提升了。二〇一六年有百分之四十四的德國人表示，他們信任或非常信任媒體。一九九一年時，媒體可信度只有百分之三十六。

「謊言媒體」與其他指責

不管是「空洞傳媒」、「系統傳媒」、「主流媒體」，還是「謊言媒體」，這些名稱的背後代表的是對新聞記者的指責。「謊言媒體」的意思是報導的新聞有許多盲點，而且漏洞百出。「系統傳媒」把記者視為某個大體制的一部分，記者只是效忠政治或經濟，並不考慮讀者和觀眾。「主流媒體」算是指責用語中最微不足道的了，這個概念指的是所有的媒體報導都是同一個方向；當然，思維、報導和評論的走向也一樣。

「謊言媒體」是最嚴重的指控。《南德日報》總編成員之一的賀里伯特．普藍特爾（Heribert Prantl）評論道：對這個名詞最仁慈的解釋大概就是「爛新聞」。如果要逐字解釋「謊言媒體」，評論家諾伯特．史耐得的定義可能比較貼切。他寫道：「在沒有指定是哪篇新聞報導的情況下，『謊言媒體』指的並非技術錯誤或媒體單一濫用職權帶風向的事件，這個概念是把所有的新聞工作者都貼上標籤，把他們當作以說謊為業的騙子。」也就是說，這不是指責單一記者的工作不符專業標準而疏忽犯錯，例如操弄或收賄。真要認真看待「謊言媒體」這概念，所有刻意欺騙讀者的新聞工作者都被罵進去了——而這種行徑每天都在發生。這的確是最嚴重的指責。

當然，空穴不來風，記者本身也得為這個壞名聲負些責任（詳見頁六十二）。先撇開這個惡名不談，還有一點也很值得注意——新聞委員會發言人曼斐得・普洛策（Manfred Protze）在二〇一六年提到——這些嘴上掛著「謊言媒體」的抗議民眾，目前尚無一人到新聞委員會提出申訴，讓這個指責名正言順。如果沒有人認真追究媒體欺騙讀者這件事，那麼這個用語到底有什麼目的？

我們可能必須先把「謊言媒體」這個詞的來龍去脈弄清楚。

「謊言媒體」定義之演進史

「謊言媒體」這個名詞並不是二十一世紀的發明，有人說，國家社會主義者才會用這個詞彙，這個說法也沒有錯。不過，這個概念並不是國家社會主義者發明的。這個名詞第一次出現於德語地區是在一八四八年，起初有反猶太人的意味：比方說，「猶太人的謊言媒體」。

一八七〇、七一年德法戰爭期間，這個名詞的意思又改變了。這個時期，敵方的新聞，也就是法國的報導，被稱為謊言媒體。一戰時期，歐洲國家的國家主義者用這個名詞來形容敵對國家的媒體。二戰時期，國家社會主義者把所有不合意的報導都稱做「謊言媒體」，直到所有的媒體都只報導納粹要的內容。其實用「系統傳媒」來形容這個狀況可能更貼切一點，當時的新聞組織——跟後來的東德新聞媒體一樣——完全是由國家控制的。「『謊言媒體』的真正意涵，我很清楚……我親身經歷過東德時期好幾十年。然而，現在在媒體上轉換這個詞彙的意義的人，並非就事論事討論，而是基於個人好惡毀謗；他們不是心胸開放者，而是帶風向者。」時任德國總統的約阿希姆．高克（Joachim Gauck）在二〇一六年的演講中提到。用這個詞的人只是要破壞記者的名聲，就像以前東德的政治人物都稱西德的新聞報導為「謊言媒體」一樣。紅軍派的恐怖分子也用這個詞彙來攻擊阿克塞爾．斯普林格出版社。從這些歷史上的例子看來，「謊言媒體」這個用詞多與政治原因有關。

背後的運作原則很簡單：當一個人有個想法時，這個想法也不完全是不對的，只要不停重複高喊這個想法，一直到其他人都認為「好像有那麼點道理」，慢慢地，懷疑的種子就生根發芽，信賴也漸漸毀滅了（詳見頁一六〇）。另一方面，講道理指責幾乎是不可能的，因為任何反駁的言論都會被對方視為陰謀及造假的手段。

為什麼德國另類選擇黨的支持者、愛國的歐洲人反對西方伊斯蘭化運動者和川普會用這個詞彙來毀謗媒體，這一點對於深入瞭解問題很重要。

誰在怒斥「謊言媒體」，為什麼這麼說？

即使是從來都沒想過或沒喊過「謊言媒體」的人，也必須瞭解有人為何可以這麼做。這是因為言論自由權保障了這些人發言權，要瞭解他人的想法，就要設身處地站在他人的立場思考。如前所述，「謊言媒體」這個詞彙在二〇一四年烏克蘭危機時在德國再現；難民危機時，因為愛國的歐洲人反對西方伊斯蘭化運動，愈來愈多人使用這個詞彙（詳見頁三十九）。不僅在固定聚會、示威遊行、網路上的社論專欄，連社群媒體上也經常聽到這群人的怒吼。為什麼要用這種方法呢？這個行為反應抗議者心聲的成分可能多於批評記者行徑。影像網誌《年輕又天真》[4]的版主提洛．容格（Tilo Jung）提出訴求：「我們應該拒絕仇恨，但是我們也該追查這些怒吼為何而來？」有個調查結果特別值得注意，人民是否信任媒體，或信任的程度多高，都與他們的政治態度相關：「特別是不相信政治機構的人，比方說政府或民主制度，也會不相信媒體。」政治人物的醜聞和弊案讓人民對政治失去信心，這一點前面已經說明。有些人覺得受到民主制度的忽視，沒有人關心他們，甚至否定他們的存在（詳見頁三十二）。他們不認為自己在這個制度下可以改變什麼。這群被冷落的人認為，媒體並沒有努力傳達他們的世界觀（詳見頁一二八）。所以，他們下了結論，認為媒體顯然是系統的一部分。這個系統刻意忽略他們的存在，媒體和政治狼狽為奸。這群人對媒體的批評可從「系統傳媒」、「主流媒體」這些名稱看得出來，其內容也包含了對現今政治制度的批評——在他們眼裡，媒體記者就是這個系統的工具人。烏克蘭危機和難民危機讓這群人更絕望，於是有人再也控制不住情緒了。

約阿希姆．高克切中問題核心提到：「若有人認為錯誤報導不是偶發例外，而是常態；不是一時疏忽，而是刻意計畫；那麼他並不在乎新聞工作是否遵守『違反疏忽義務』，只是滿腦子堅持己見，認為媒體都在說謊。」

這種人大多渴望一個簡單明瞭的世界觀，不想面對全球化的事實，只想追求簡單的答案。儘管媒體試圖解釋世界是多麼複雜，說明每個問題的發生都是許多面向的原因所造成，一個問題有很多種答案等等，都不能滿足這群人的需求。因為如此，他們稱新聞工作者「扭曲事實」、「背叛人民」。他們認為自己才能代表人民的心聲，新聞工作者為有別於人民的菁英分子。持有這種想法的人大多為政治傾向保守、威權及民族國家意識較

4. 譯註：給對政治沒有興趣的人看的政治社會議題報導。

高的人。在德國，大概有「三分之一的親另類選擇黨的人，會將媒體與『謊言媒體』劃上等號。不參與選舉或下層階級的人民也有類似的狀況。」其他黨派的支持者裡面比較少有人支持「謊言媒體」的說法。

要釐清這些觀點，必須先看看德國人對媒體的信任度如何，其實結果並不差。先略過前面已經提過的數位化帶來的正面發展，好幾個研究發現，民眾對日報、週報或公共電視廣播的信任度很高，尤其是對公共電視廣播的信任度更高達百分之七十。個別的節目或傳媒的信任度可能更高，民眾對於自己定期使用的傳媒大多表示信任。

根據《路透社二〇一七年的數位新聞報導》的一份研究報告：約有五成的德國人「非常」或「完全」相信新聞報導。然而，之前我們也提到有一小部分特定的族群認為媒體是不可信的，這一點也有研究報告可以查：路透社的研究中，約有百分之二十的德國人表示完全不信任媒體新聞報導。在傳播學家的眼中，這樣的比例實在令人不安。另外一份阿仁斯巴赫民調指出，二〇一五年底約有百分之三十九的德國人認為「謊言媒體」多少有點事實根據。

確定的是，大喊「謊言媒體」的這些人影響了其他人，使得他們也對媒體半信半疑。記者也開始自問：民眾的不信任是否新聞工作者也要負責？這個觀感是怎麼產生的呢？

對新聞業的批評

大部分的德國人還是跟以前一樣相信媒體。重要的是，新聞工作者也要自省、勇敢地面對自己的錯誤，才不會重蹈覆轍。

二〇一六年，《明鏡》的讀者提出抗議。讀者西格斐德・佛馬特（Siegfried Vollmert）指出：「一般讀者被玩弄於股掌中，也是有感覺的。」根據《明鏡》的說法，佛馬特指責媒體沒有把讀者的興趣和煩惱當一回事：師資缺乏、醫院衛生條件惡劣、住宅遭竊愈來愈頻繁等——這些議題被新聞業拋到九霄雲外，因為新聞工作者只懂得鞏固自己的象牙塔。「他們根本沒有仔細觀察下面發生了什麼事。」報導世界重大事件固然重要，如二十國集團高峰會議、恐怖攻擊、氣候變遷、外國的選舉等。但是，這些事件和德國大部分的人來說沒有什麼直接的關係。許多人希望新聞報導也會討論與一般民眾切身的議題，像佛馬特這類的讀者，認為與市井小民無關的新聞，根本跟他沒什麼關係。「在我看來，不管是過去還是現在，連德國的新聞工作者也沒有避免以管窺天並廣納意見。」約阿希姆·高克在某次演講中提到。從目前局勢看來，新聞從業人員「對於自己不偏好或不報導的議題」，都是不屑一顧。

事實上，大部分的新聞工作者的頻率都差不多。他們的背景多為中產階級，也就是「教育水準不錯、住在城市、種族單一，政治立場比大部分德國民眾更偏左或偏綠。傳播學者依蓮娜·內瓦拉（Irene Neverla）表示，新聞從業人員極少具有移民背景……這一點和整個德國的人民背景相差太遠」。《時代報》總編喬凡尼・迪・羅倫佐（Giovanni di Lorenzo）在德列斯登演講時曾批評：「我們的背景太相似了。編輯部徵才時，只會找同樣頻率的人。」整個編輯部的人履歷都差不多，他們有興趣的問題差不多，工作同質性也很高。於是，一種符合這群新聞工作者生長背景及生涯的世界觀油然而生。這也難怪，某些議題根本不受關注。雪上加霜的是，所有新聞編譯人員工作時都遵循相同的標準（詳見頁一二五）。因此，好幾家報紙同一天可能會用同一張圖片做封面，讓讀者以為這幾家報社是事先講好的。各媒體報導相差無幾，幾乎一致，加在一起就成了主流媒體。冷門的想法、問題或極端的意見，可能就會因此銷聲匿跡。

另一個新聞業的挑戰是——當然不包括社論或讀者投書，這種文章應該要盡可能主觀——如何保持報導中立。記者也是人，這一點當然不可能每次都做得到。在感人的歷史情境下，報導者可能不會發現自己被感覺帶著走，最近的難民危機高潮就是絕佳的例子。慕尼黑火車總站與高采烈歡迎難民的照片，也把記者融化了。喬凡尼・迪・羅倫佐事後指出：「我認為，我們『記者』有一段時間太傾向加入締造這個難民運動的行列，而忘了專注於我們應該扮演的觀察者角色……連我們《時代報》都在運動初期下了一個標題，完全沒有考量新聞中立原則。那個標題叫做『歡迎!!』的頭條報導更加強了這個印象。」其他的記者沒有這麼嚴苛。凱・迪克曼，時任《圖片報》總編，甚至在二〇一五年秋天以新聞支持幫助難民的運動「歡迎難民」（詳見頁一三五）。

如此一來，民眾可能認為新聞報導者並沒有「客觀說出事實」，如《明鏡》的創辦人魯道夫・奧格斯坦（Rudolf Augenstein）要求的一樣。當時的報導氛圍可能比較像是要針對難民危機帶風向，這並非新聞工作的本質。

此外，這幾年有些媒體和記者的報導實在太誇張了（詳見頁二十四）。他們把每個蚊子事件都放大成大象，或者成了獵醜聞的狗仔。

如果記者把心力都放在扯某個政治人物的後腿的話，套句《時代報》記者班特・烏利西（Bernd Ulrich）的話來說，那就成了「洩恨新聞」。正因為記者一味希望提高點擊率和銷售量（詳見頁四十九），於是就一窩蜂揭公眾人物的瘡疤，把民眾的情緒吵得沸沸揚揚。這種氛圍之下，被人稱為「謊言媒體」恐怕也是咎由自取。內政部長湯瑪斯・德梅齊埃（Thomas de Maizière）被問及對此事的看法時，只能苦笑：「沒錯，事情就是這樣，但是老實講，媒體被指稱為第四權、當社會審查者、不斷對政治人員說三道四——這也不能完全說不對——我對新聞工作者的同情很有限。如今，他們像政治人物一樣被放大檢視，也就沒有什麼好訝異的了。我只是偶爾覺得，和我們政治人物相比，記者忍受批評的能耐差得多了。」

記者做錯事才會被批評，也該被批評。許多資深記者也認清承認錯誤的重要性：「犯錯的人，要承認錯誤並且道歉。沒有任何總編、新聞編輯或電視節目的皇冠會因此缺角；相反的；坦承追求盡善盡美，卻沒有成功的事實，更具有真實的說服力。」喬凡尼・迪・羅倫佐在二〇一六年的演講中形容。「和自己保持距離是好事，認錯就是最好的方法。」《明鏡》總編克勞斯・柏林克包依姆（Klaus Brinksbäumer）也這麼認為。

最近有一些例子說明了具體的狀況。德國公共廣播聯盟記者湯馬士・羅特（Thomas Roth），時任電視新聞主播，在二〇一四年十月一日的節目中指出節目五個月前犯的錯誤，編輯部在播出的前一晚才發現，事關來自烏克蘭的報導（詳見頁三十五）。羅特在節目中提到：「要評估一些前後矛盾和破碎不全的資料，並且時間壓力巨大的狀況下要正確理出脈絡，實在極端困難。這種狀況下，即使我們盡了全力，仍然無法避免犯錯。」接著，他解釋在二〇一四年五月二十日的節目中，有些內容並非完全正確。有兩個平民並非死於親俄派槍下，而是被烏克蘭的軍人射殺身亡的。「我們很遺憾犯了這個錯誤，並在此表達歉意。」羅特做了結論。

克勞斯·柏林克包依姆曾在受訪時發表了對《明鏡》二〇一四年八月三十一日出刊的雜誌的看法。該期的封面標題「立刻阻止普丁！」，封面上還有馬來西亞航空17號班機空難罹難者的照片。這種設計很容易誤導讀者，柏林克包依姆提到，很多讀者以為這是「呼籲北大西洋公約組織介入東方事務」，其實編輯只是要求制裁俄羅斯。「我們表達不夠清楚。」柏林克包依姆指出。在同一個訪談中，他用一個實例指出《明鏡》現在也要偶爾訂正一些小錯誤：「『德國鐵路將針對信用卡付款的消費者收取額外手續費，這項措施二〇一四年就開跑，並非原報導中所指的二〇一五年，特此更正。』這不是什麼嚴重錯誤，但是我們必須更正。以前我們不會發更正啟事，因為從前我們認為根本沒有人會注意到這些。」但是我們現在明瞭：只要有任何一個讀者發現——通常絕對不會只有一個——而我們沒有更正的話，讀者對我們的報導會失去信任，讀者可能會問：如果連這個資料都不對，那《明鏡》還有哪些內容是錯誤的？

有一個特殊的例子，是目前證明媒體失敗的最佳例子，事關二〇一五／二〇一六年跨年夜在科隆發生的事件。那一晚，科隆火車站及大教堂附近有六百四十八個女人受到年輕男子集體性騷擾。有一千一百八十三人遭到指控，其中還包含了性侵指控。一月一日清晨警方還發布了有關除夕夜的新聞稿，標題為「熱鬧的氣氛——狂歡沒有重大爭端」。幾天後，一些地方小報報導了科隆的騷動事件，跨區域的大報三、四天後才大篇幅報導這起事件。從線上民眾對該新聞的評論看來，很多人認為這背後必有隱情。他們認為，因為大部分犯案者顯然有移民或難民背景，所以媒體才沒有報導這件事。這群人認為媒體和政府一樣，對難民持正面態度，所以試圖造假。警方那則新聞稿的確是擾亂視聽的重要原因，因此地方報的報導幾天後才開始在全國發酵。部分新聞工作者之後才發現錯誤，例如德國電視二臺副總編埃爾馬・特非森（Elmar Theveßen）於一月六日在臉書貼文：「新聞立場再清楚也不過了。晚上七點的新聞沒有以快訊提及這個事件是個錯誤。當時新聞部決定把報導延期到今天危機小組會議，以便爭取時間做一些補充訪談，這顯然完全錯估情勢。」

這些例子指出，新聞工作的透明度多麼重要。因為很多人不知道新聞工作者的工作程序及規則——「新聞工作的可能性和界限為何，一般人沒有概念，也沒有深入的瞭解」，傳播學者雷尼曼（Reinemann）等人分析道。《時代報》記者愛麗絲．伯塔報導：「在《時代報》舉辦的活動中，經常有讀者問我，某個議題上報的過程為何。這些人中有些是具批判性的讀者，看我們的報紙有十五到二十年的歷史了，連這些人也開始抱持懷疑的態度。他們對我們的工作很有興趣，但是完全不瞭解。讀者不知道為什麼某些議題會上報，某些不會。新聞工作對他們而言像是個黑盒子，我認為這也是他們為什麼會變得不信任的原因。」有鑑於此，愈來愈多的新聞編輯人員開始解釋說明工作的流程，讓這些過程變得更透明化（詳見頁一七七）。

社群媒體的回音室

傳統媒體的可信度為何，社群媒體也扮演了重要角色。從前，新聞工作者就像守門員，現在大部分的消息都經由網路或社群媒體傳播；也就是說，社群媒體扮演了新的守門員角色。為什麼呢？要回答這個問題，必須先瞭解數位化和社群網路演變的過程、一般人如何看待新聞和資訊。並不是每個人一上網就到《每日新聞》或《南德日報》的網站看新聞——已經有百分之二十二的使用者是透過社群媒體看新聞的。換句話說，這些人在臉書、推特或類似平臺看到新聞，然後透過連結到新聞網頁。

如果直接到新聞臺的首頁，可以得知即時的世界局勢概況。這些資訊會依照重要性及時效性排列——最重要、最新的會排最上面——依照不同的範疇分門別類，比方說「文化」、「體育」、「經濟」等。在社群媒體中，貼文的分類方法不一樣，愈受歡迎的報導、愈多人點讚、分享、評論的文章，排的順位愈前面。

功能上，社群媒體和傳統媒體突然有了區別，正如傳播學者卡塔琳娜．克來恩－馮．克尼斯羅夫（Katharina Kleinen-von Königslöw）指出，社群媒體的新聞做的是表明「身分」工作：「在新聞網站上看新聞的人想知道世界上發生了什麼事，社群媒體的使用者則是想知道他自己的世界發生了什麼事，順便跟其他人分享。」社群媒體的使用者，正如其名，找的是與社會接觸的機會。社群媒體中不僅可以看到朋友的貼文、照片、影片，還有朋友推薦的文章及影片連結。一般說來，有名的媒體如德國電視二臺、北德廣播公司因為信譽品質良好，民眾覺得比較可靠。然而，朋友的推薦也扮演了重要的角色；換句話說，儘管對內容所知不多，朋友推薦的網頁，我們自然比較相信，我們對朋友的信任會自動投射到傳送的資訊上。美國一名公共關係專家李查．艾得曼（Richard Edelman）是這樣解釋的：「人喜歡彼此交談，但是知名媒體大多是同行互動，並沒有和讀者對話。現在情況變成：年輕人喜歡在社群媒體聽朋友說的話，但不想聽新聞工作者說的內容……沒有人信任不認識的人，大家只信任自己的朋友和認識的人。」

此外，社群媒體中的自我認同也是一個重要的元素。一般說來，人對自己本來就相信的資訊，愈容易覺得是真的。一般人在網路上只想「不費吹灰之力找回自己的看法」，知名的英國深夜談話性節目主持人約翰．奧利佛（John Oliver）語帶詼諧地說。他們只是想藉由社群媒體接收《我的每日新聞報》。

數位網路和傳統媒體可信度危機之間的關係到底為何，目前還沒有可靠的研究調查。藉由剛才所提的觀點，也可以清楚看見社群媒體隱藏的危機：每個人的社群媒體的朋友都是自己找來的，這些朋友和自己想法類似的可能性就很高，他們閱讀的東西和推薦的品味也會類似。推薦類似的內容能增進友誼，臉書和同類型的社群媒體還會運用演算法，根據使用者已讀的資訊，找出適合他們的連結和報導並做推薦。如此一來，只有符合使用者觀點的資訊才會出現，這就是所謂的回音室效應或資訊濾泡。約阿希姆．高克稱這種現象為「傳播梗塞」，每個人活在自己社群媒體的同溫層裡，根本不想聽到其他意見或溝通。乍聽之下這好像是個舒適圈而已，其實卻可能會引導人到偏差的世界觀中：有一天你可能會真的認為，外面沒有人和你意見不同。「回音室」裡的居民，以「自己想聽、想看、想得到的資訊為導向，而不是他們應該知道的內容」，高克說。因為他們相信全世界的人都跟他們的想法一樣，於是把新聞媒體的資訊視為異類或錯誤訊息。

對新聞工作者的語言及人身攻擊

不管是網路上的社群媒體或是新聞平臺的評論欄：對新聞工作者的針砭經常出現。尤其是和烏克蘭危機有關的情緒化討論和難民危機，都使得網路上大放厥詞的人增多。德國電視一臺記者格麗聶．阿泰：「從事新聞工作二十年來，我還沒有經歷過任何議題可以像烏克蘭危機一樣，引起這麼多劇烈反應。任何有關烏克蘭問題的評論都可能會引發一連串的負面和不堪的評論。」其他新聞評論也有類似的現象。言論之後就是行動，「網路上的攻擊很可能在下線後的現實世界裡也開始氾濫了。」傳播學者依蓮娜・內瓦拉指出。

在一場反對薩拉菲運動者的示威遊行上曾出現「謊言媒體，閉上狗嘴」的口號。同樣的口號也出現在愛國歐洲人反對西方伊斯蘭化的集會上。這種言詞聽起來像是暴力要求，和川普在影片中打某個人的頭，人頭處出現的是CNN新聞臺的標誌有異曲同工之妙。

德國已經有許多的對記者的言語和人身攻擊實例，現在新聞編輯部已經採取保護新聞工作者的措施。《柏林報》於二〇一六年年初就已經公布，要對威脅或毀謗新聞編輯者採取法律途徑。由於曾經有記者在愛國歐洲人反對西方伊斯蘭化的集會上遭受攻擊，德國電視二臺曾經認真考量要讓記者帶隨行護衛出勤報導。

記者無國界組織每年都會比較一百八十個國家的新聞工作者的處境。二〇一六年德國的排名下降了四名，排行第十六名——「這是對記者仇視、威脅及人身攻擊案件增加的後果」。

「後事實」的時代

「謊言媒體」一詞出現後兩年，又有另一個詞彙流行了起來：「最近有人提到我們活在後事實（postfaktisch）時代」，德國總理梅克爾在一次演說中提到。拉丁語字首 post 是「後面」的意思。梅克爾指的是後事實時代。這到底是什麼意思呢？

有一個例子可以清楚說明：在某次柏林－布蘭登堡廣播公司的討論會場合，二〇一六年競選聯邦議會議員最強的五個黨派候選人在現場，包括基督教民主聯盟、社會民主黨、聯盟90／綠黨、左翼黨與另類選擇黨。德國另類選擇黨最熱門的候選人格奧爾格・帕次得斯基（Georg Pazderski）

表示，另類選擇黨要「面對真相」。由於另類選擇黨反對難民的理由一直是難民的犯罪行為，於是節目主持人便拿出內政部的犯罪率統計。根據統計資料，德國生活的外國人中有百分之二的人有犯罪前科，德國人則有百分之一點五的犯罪前科，外國人犯罪比率微高；反過來說，有百分之九十八的外國人及百分之九十八點五的德國人很守法。帕次得斯基對這些數字一點都不感興趣，「問題不在統計數據，而是民眾的感受」，他說。「Perception is realtiy」，他補充說，翻譯過來就是「感受就是事實」，也就是「感覺也是事實」。帕次得斯基的意思是——不管統計的真實數字怎麼說，如果某個民眾覺得外國人犯罪率比較高，那麼事實就是如此。這種思考模式被稱為「後事實」：事實一點都不重要，感覺才是重點。

事實、統計和證據一直都是我們討論文化中的基石。如果參與討論的人沒有辦法認同這點，這個文化就毀了。他們連對於國家的重要任務為何，都無法達成共識，更遑論要共同解決問題了，這對民主制度來說是極大的傷害（詳見頁一五二）。感性和理性是無法相提並論的，一個人如果被感覺沖昏了頭，是不可能看見事實的——就算事實證據確鑿——要說服他可是天方夜譚。相較之下，一個理性相信事實的人，比較不會那麼容易被情緒左右。

這種「後事實」趨勢，最近這幾個月世界上有很多地方可觀察到。川普就任不久，他最關心的事就是有多少人到場慶祝他的就職典禮。他認為史上總統就職宣誓從沒有這麼多人到場過，新聞記者反駁這個說法，提出事實佐證，但是川普仍然堅持己見。川普的顧問凱莉安・康威（Kellyanne Conway）接受電視訪問時，記者問她，即使已經遭到反駁，為什麼白宮仍堅持訪客人數創紀錄的說法？凱莉安・康威回覆：「我們只是在呈現另類事實。」川普的團隊根本沒有提出任何事實，他們只是在聲稱自己的看法，完全沒有公開證據。已故的美國參議員丹尼爾・派屈克・莫伊尼漢（Daniel Patrick Moynihan）在二〇〇三年就曾經公開反對這種態度，他說：「人人都有發表自己意見的權利，但是沒有人有權利創造自己的事實。」

梅克爾也指出，跟隨這種潮流完全不可取：「如果我們隨聲附和，想要抹滅事實，那麼負責的、有建設性的答案就永遠沒有機會出頭了。如果我們語言上或行為上跟著這些根本沒有興趣解決問題的人隨波逐流，終究會迷失方向。」

有些人就是算準了其他人會迷失方向。曾經提到報導烏克蘭危機的困難度的記者馬克新・亞歷司塔維，也在當地觀察到事實的重要性逐漸不受重視的趨勢：

「通常兩造的中間就是真相，但在俄羅斯與烏克蘭的問題上，這個道理並不適用。俄羅斯當局懂得利用一般人相信中庸的道理，並透過媒體製造『另類聲音』。換句話說，俄羅斯媒體捏造了一些可笑的平行事實，用的材料無非謊言和裝模作樣的戲碼。對俄羅斯中央來說，這些訊息的目的不是取信民眾，而是擾亂視聽。」這些事實顯示，否認事實和「相信可以創造另類事實」只有一線之隔——這跟假新聞沒什麼兩樣。

什麼是假新聞？

「Fake」當作名詞來用時，是作假、詭計欺騙和仿造品的意思。假新聞意謂錯誤訊息，這些錯誤的消息和記者無心犯錯的新聞是不同的，在後者的狀況下，新聞工作者的信念是發表正確的資訊。目前引起大眾注意的假新聞，則是指作者具特定目的散布的消息。很多狀況下，要查明到底是誰將假新聞散播出去的，非常困難。究竟是個人、團體還是某個境外勢力？

確定的是，假新聞與解釋真相是背道而馳的，其目的是混淆視聽或操弄。理論上來說，這些散布假新聞的記者就是謊言媒體的一部分。

「假新聞」這個概念的興起背景為何？事實上，一開始假新聞這個概念並不常指有目的操弄的錯誤訊息。起初它只是個罵人的詞彙——不只是憤怒的人在新聞網站的評論欄或臉書貼文裡會用，連美國總統也會在官方場合使用這個詞彙。假新聞這個指責用的詞彙，原則上和有些德國人喊的「謊言媒體」是同一個意思，其背後的動機也很類似——都具政治色彩。然而，對《紐約時報》、《華盛頓郵報》、美國有線電視新聞網（CNN）來說，川普指責他們是假新聞的散播者，是一種汙蔑的行為。因為這是指責媒體沒有盡責，向民眾說明解釋世上發生的事件，反而背道而馳。川普和他人持續不斷地反覆使用假新聞這個詞彙，完全沒有提出任何證據，對正統媒體的形象傷害很大。此舉也傷害了社會的基礎，也就是認定哪些權利是存在的，哪些是不存在的。原本的社會共識遭到考驗（詳見頁一五二）。

假新聞另一個延伸的意義：模仿真正的新聞風格，有目的、刻意到處散播，大多在社群媒體出現。此外，假新聞也是謾罵厭惡的新聞或媒體用的詞彙，這個定義比較狹窄，和德國人口中的「謊言媒體」意思相仿。看看現實生活中的實例，錯誤訊息傳播手法都差不多——不管是惡意的謠言、假新聞或明顯的政治宣傳。

對假新聞的主筆及散播者來說，他們主要的目的就是統治「資訊空間」，正如臉書的訴求一樣。要達到這個目的，假新聞只是眾多方法中的其中一種。方法之一是所謂的帶風向，這個方法只是操弄詞彙，以神不知鬼不覺的方法影響讀者的下意識。比方說，在德文如果用「地球暖化」（Erdeerwärmung）聽起來就比「地球炙化」（Erdeerhitzung）稍微正面一點，而後者只不過多加了點夏天的氣息，就讓人擔憂起自身健康了。

數位世界提供了特別新穎的影響形式：社交機器人（social bots，bots 是 robots 的縮寫）使用普通帳號的身分，自動完成任務，比方說在社群網路散布假新聞。要達成這個任務，社群網路裡通常會有十個到百個帳戶連結在一起。社交機器人和殭屍網路不同，後者是用有害軟體攻擊電腦系統，廣發電子郵件的現象，例如二〇一五年德國聯邦議會的伺服器被攻擊的事件。社交機器人的任務是影響或控制人的想法。成千上萬次分享讓錯誤訊息無遠弗屆，造成很多人都有同樣想法的假象，同時，這些假新聞又因為高比例的分享及點讚次數又被社群媒體的演算法列入關注對象，造成其他的消息和意見自動消失。

駭客也會參與統治資訊空間的工作。駭客如果入侵民主政治機構的系統，比方說國外的議會或黨派，爭議性就特別高。駭客偷取資訊，藉由公開這些走漏的風聲或文件吸引某特定的政治勢力。

不同的手法也好，好幾個方法一起用也好，殊途同歸，這些手段的目的就是要影響公眾意見。

這些手段的絕妙之處就是，生產和散布這些假新聞成本極低，得來全不費功夫。它們就像病毒一樣，自己會到處散播。另一個值得一提的邊緣現象則是：有些貧窮國家的人，對假新聞的內容沒有興趣，也沒有受人之託，卻無意中把假新聞炒得更熱。這些人其實只想賺錢，建了自己的網站後便抓取網路上的假新聞，加上自己的廣告，然後在社群網路散布這些連結。不過這種情形大多是例外狀況。

執筆及散布假新聞的人大多有政治意圖，他們發現情緒色彩濃厚的討論特別適合製造出政治氛圍。德國典型的例子是難民危機和烏克蘭危機，美國二〇一六年總統大選時則是民主黨候選人希拉蕊・柯林頓（Hillary Clinton）。真實事件被竄改扭曲，或斷章取義，成了假新聞，這類假新聞還有一點點真實的核心。《時代報》的記者克里斯汀・邁爾（Christian Meier）寫道：「假訊息的原理和空藥瓶原理很像，相信以後就能發揮效用。」有時候假新聞甚至會上正統的新聞媒體，因為記者可能不小心也誤以為這些新聞是真的。不過，正統媒體通常會很快發現並更正這些錯誤。

和「謊言媒體」相同，假新聞並非我們這個時代的產物，只是最近大量出現，因為數位化的社會變得炙手可熱。歷史上有個假新聞的例子——當然當時德國還沒有人用這個概念來稱呼——叫做刀刺在背傳說（Dolchstoßlegende），一次大戰後，這個傳言到處流竄。傳言的內容是說德國戰敗的原因是因為政治圈的人——尤其是民主主義者、社會主義者、共產主義者和猶太人——煽動革命，放棄戰爭。這個傳說中還加了刀刺在背這幾個字，讓人聯想到前線士兵原本可以繼續戰鬥下去，也想繼續對抗敵人，但是背上卻被反戰的政治人物插了一把匕首的畫面。這種名稱讓這段歷史增添了狡詐陰險的氣味。就事論事：這個傳言當然不是真的，因為當時機動戰爭持續了四年，陣地戰也打了很長的時間，德意志帝國根本沒有打勝仗的希望。儘管如此，刀刺在背傳說還是造成了某些團體得為德國的慘境背黑鍋，也為德國民族國家主義的崛起鋪了路。

時至今日，假新聞大多圍繞著會激起劇烈情緒反應的議題。過去幾個月的假新聞例子有：「法國總統艾曼紐・馬克宏其實是男同性戀，他的婚姻是假的」、「德國有大規模殺傷性武器」、「幾乎所有的難民都有犯罪前科」、「梅克爾策動暴動」、「德國軍人在立陶宛出北大西洋公約組織任務時性侵了一名未成年少女」、「北大西洋公約組織動用了三千六百輛坦克對付俄國」、「由於不滿梅克爾的難民政策，有七十萬德國人離開家園」、「希拉蕊・柯林頓其實是男的」、「希拉蕊・柯林頓有腦傷，而且罹患不治之症」、「希拉蕊・柯林頓指使人暗殺維基解密創辦人朱利安・亞桑傑（Julian Paul Assange）」、「歐巴馬是穆斯林」、「演員丹佐・華盛頓（Denzel Washington）和教宗方濟各支持川普競選總統」。

這些假新聞被分享點讚不下百萬次，但是這些新聞都不是真的。只有多看幾個假新聞的案例，才能明白背後所隱藏的利益。

消失的麗莎

二〇一六年初柏林流傳了一則消息，有一名十三歲的德籍俄裔女孩在上學途中失蹤了，她的父母報警尋人。隔天麗莎出現，並提到被「長相為南歐人的男子綁架強暴」，警方不久便否認這個說法，醫生也沒有發現任何生理上性侵的線索。警方追查女孩的手機資料，發現她當天其實在一個朋友家過夜，後來麗莎也承認她因為在校成績太差不敢回家。（後來調查單位發現麗莎在失蹤案發生很久以前，的確跟人發生過性關係。對方是她認識的一名德籍土耳其裔男性，雖然是在女方同意的狀況下才發生的，但由於麗莎當時才十三歲，該名男性後來還是被判刑。）

失蹤案當天根本沒有綁架，也沒有性侵案發生，儘管如此，這則消息以極快的速度傳了出去，尤其在社群媒體和俄國新聞上都報導了。這則錯誤新聞在網路上延燒好幾天，多座城市都有示威遊行，不止德裔俄羅斯移民和俄國移民參與，還有一堆愛國的歐洲人反對西方伊斯蘭化的成員和右翼分子。

這個案件後來還成了國際輿論的焦點，俄羅斯外交部長謝爾蓋·拉夫羅夫（Sergei Lawrow）甚至介入麗莎案並指責德國警方蓄意掩蓋事實，這促使陰謀論者及仇外分子更藉機在網路大肆煽動宣傳。梅克爾於二〇一七年初跟俄國總統普丁會面時一再強調，她絕對會全力對抗這類的假資訊。

時任國防部長烏爾蘇拉·馮德萊恩（Ursula von der Leyen）於二〇一七年某次演說中提到這個案例，並稱之為「社群媒體煽動言論和國家言論操弄的共同結果」：「不安定化的政治宣傳不斷地偷偷地滴下毒藥，用社會上看似中立的資訊包裝得好好的。假造的麗莎案會和難民——一名俄國女孩和性侵——扯上關係，並非空穴來風。」俄國外交部長拉夫羅夫對德國政府提出：他希望，「移民問題不會導致真相被政治正確的企圖蓋過。」馮德萊恩表示，莫斯科當局還呼籲柏林不可讓這個案子消失在檯面下。還不只這樣：「『移民問題』、『企圖』、『真相』、『政治正確』、

『蓋過』、『消失在檯面下』——光是這些用語就透露了操弄的意味了。」

隨著這些錯誤訊息和多少刻意散播的麗莎失蹤案，挑起了德國內部反難民和反政府的浪潮，所以馮德萊恩稱之為「不安定化的政治宣傳」。操弄的手法以某個真實事件為基礎——麗莎的確消失了一個晚上——加上一些錯誤訊息，然後到處散布。麗莎案被德國聯邦憲法保衛局列為典型的假新聞實例。

傳說中的死亡難民

同樣是二〇一六年一月，柏林難民營志工的臉書裡流傳了一則消息：「有一名二十四歲的敘利亞男子在柏林的健康及社會事務局前，頂著零下的低溫站了好幾天，後來發燒畏寒，在救護車裡心跳停止，然後在急診處——死亡。」柏林的健康及社會事務局是主掌管柏林申請庇護的單位，二〇一五年／二〇一六年有很多申請庇護的難民頂著惡劣的天氣，站在門口排隊好幾個小時。

這個消息是一個協助難民的志工組織「莫阿比特幫助你[5]」的成員的貼文，傳播速度快速驚人，不久就引起媒體的追查，結果警方和醫院都無法證實該消息的正確性。有關單位開始展開調查，該志工組織在官網貼了一則訃聞，文中提到該難民的死該歸咎於健康及社會事務局本身及周邊的惡劣條件。德國新聞社接著以「『莫阿比特幫助你』表示：難民在健康及社會事務局前高燒喪命」為標題發布了一則新聞。請注意：德國新聞社的新聞裡並不是寫有一個難民死在健康及社會事務局前，而是「莫阿比特幫助你」這個組織說的。如此一來，該組織消息有誤的可能性是存在的。這個差異雖然細微，卻是扮演了新聞規則裡的重要角色（詳見頁一二八）。德國新聞社的新聞發布後，有許多正統媒體開始調查事情的始末。許多人

5. 譯註：莫阿比特（Moabit）是柏林的多元文化住宅區。

看了新聞仍然誤以為真有難民死在健康及社會事務局前。

貼文的志工則是躲在家中，不願意跟任何人對談。後來他跟警方坦承一切都是他編造的，此時，這個假新聞已在柏林引起大風暴。為什麼？因為當時柏林已經針對健康及社會事務局的條件及對待申請庇護者的態度，討論了好幾個星期。這是一個非常觸動情緒的議題，也就成了假新聞的最佳材料。至於該名志工為什麼要放這個消息，原因至今不明。我們只能推測，他希望民眾能關注申請庇護者的處境。這個消息一傳出來，的確讓志工、警方及消防隊忙了一整天，去調查他的謊言。

這兩個例子都已經產生影響，其中一個影響力甚至到了外交層級，但是相較於其他假新聞的例子，這兩個例子還算是微不足道，其目的不外乎使德國境內因為難民問題的緊張氛圍繼續加溫。其他的例子，尤其是外國的例子，更顯示了假新聞在國際政治影響有多大。

俄國因素

在國際層次的假新聞成因與主謀者的相關問題裡，俄國扮演了非常重要的角色。正如《明鏡》所報導的，俄國開始意識到傳統情報工作的策略「扭曲資訊」的影響力。俄國前參謀總長瓦列里・格拉西莫夫（Walerij Gerrassimow）提到這個策略時，表示這是「花最少錢就能把敵人瓦解的方法」。「扭曲資訊」的目的是混淆其他國家的人的視聽，讓他們弄不清楚什麼是真的、什麼是假的，也讓他們對於政府和媒體的資訊產生懷疑。

這個方法最適合在國外選舉前使用。「克里姆林宮的目的並非幫助特定政黨贏得選戰，」《時代報》在二〇一七年聯邦議會選舉時表示。「策略的主要目的是動搖人民對政府信任：不管是國家安全、日常生活的安定、以及人際關係間的融洽。」這股分化力量強大的懷疑到處流竄，會動搖民主制度。二〇一三年格拉西莫夫在報告中寫道：這個策略可以使平靜的共同生活「幾個月內，甚至幾天內演變成重裝軍備衝突的戰場、境外勢力入侵的受害者，原本的寧靜將陷入混亂、人道災難或內戰。」

這個以格拉西莫夫命名的策略稱為「格拉西莫夫原理」，具體的方法有駭客入侵、機密資訊、假新聞、社交機器人，也包括軍事手段。在俄國，國營電視臺RT（Russia Today）、海外俄國人關注的俄羅斯衛星通訊社新聞（Sputnik）、許多假新聞網站，例如：新聞線上（NewsFront）等都是應用格拉西莫夫原理的工具。此外，這三個新聞編輯部的人常常互相引用，讓偽裝或扭曲的資料來源看起來嚴肅正經一點。

烏克蘭衝突期間，俄國就已經使用這個方法，受政府委託的單位開始在社群媒體上有目的性地影響公眾意見。在克里米亞半島被併吞前，俄羅斯刻意透過電視、網路及報紙散布假新聞。克里米亞半島上的居民先被耍得團團轉，後來顯然被這些假新聞說服了，堅信後來半島被占領時沒有人因為抗爭傷亡。

馬克新・亞歷司塔維報導了假新聞在烏克蘭衝突中的影響力：「言語的力量比實體的厮殺戰場更重要。政治宣傳破壞了家庭、危及生命、引發戰爭、結束戰爭。」

俄國總統普丁一開始否認分離主義地區的反抗者是受克里姆林宮指使的。然而，德國的記者收到成千上萬的郵件，證明事實完全相反。由郵件裡可得知，俄國這回的扭曲資訊主打假新聞牌。莫斯科當局要求，新聞一律用「烏克蘭才是壞蛋」的手法呈現。俄羅斯第五十部隊抵達頓涅茨克時，還有體面的歡迎儀式迎接：各方人馬到此歡迎——「兒童、教師二三人、醫生二三人」，還有退休老人到場朗誦感謝函。

另一個任務是編造故事，營造盧甘斯克人民感謝俄國的氣氛：「比方：『某個老奶奶織襪子要送給普丁』、『小孩畫普丁肖像』、『某個雕刻家的普丁雕塑接近完工階段……未來塑像要放在盧甘斯克』。」這些例子顯示，俄國政府並非要把假新聞傳到國外，而是有目的性地編導新聞事件。這就是所謂的政治宣傳。

美國因素

在美國，假新聞的崛起主要跟二〇一六年的總統大選有關。民主黨候選人希拉蕊．柯林頓和共和黨候選人川普之間的選戰，可謂是煽動情緒、拉扯人心的戲碼，再加上民眾棄正統媒體，大多從假新聞得知選戰相關訊息，整個氣氛更是沸沸揚揚。根據網路平臺 Buzzfeed 的調查：選戰終極階段時，二十個最成功的假新聞被點讚分享的次數大於二十個最成功的正統媒體新聞，尤其是希拉蕊．柯林頓和家人更是假新聞的受害者。假新聞裡刻意營造的民主黨候選人希拉蕊的形象──「欺騙、不誠實」，和川普在公開場合不斷強調的「狡詐的希拉蕊」互相呼應。

這些假新聞並非只是希望得到快速金援或提升川普的支持度，希拉蕊對俄國來說也是「最大的眼中釘」。《明鏡》提到，因為她曾經批評普丁身為前聯邦安全局（KGB）人員，根本「不可能有靈魂」；此外，希拉蕊還支持反政府示威者，她的敘利亞政策也踩到俄羅斯的底線。普丁因此急於阻止希拉蕊當選美國總統。普丁——根據格拉西莫夫原理——不只用了假新聞，還利用駭客偷了希拉蕊的電子郵件。負責諮詢政府電腦犯罪相關事務的情報安全專家羅拉·葛蘭特（Laura Galante）表示，情資界的人都確信駭客集團 APT28 和 APT29 受俄國政府之託。

雖然選戰期間五花八門的假新聞一堆，但是這場選舉不是因為臉書上的互動定奪的。美國只有百分之二十的人看平面報紙，有百分之五十七的人在二〇一六年夏天表示，他們的政治新聞來源是電視，只有百分之十八的人視社群媒體為重要的政治新聞來源。社群媒體的力量還算有限，至於未來趨勢如何，還有待觀察。假新聞的致命威力現在就能觀察得到，愈來愈明顯的趨勢是，對記者的毀謗和敵意會在特定條件下變成暴力。美國有個例子也清楚說明了這一點。

「披薩門」事件

美國選戰期間流傳的假新聞中，有一則新聞描述了希拉蕊和她的人馬經營兒童色情集團——地點在華盛頓的乒乓彗星披薩店的密室。大選候選人希拉蕊的確是披薩店主人的朋友，希拉蕊被偷的郵件中也透露了好幾份披薩訂單，到此為假新聞的真實核心。陰謀論者散播謠言，競選團隊利用這個餐廳討論奴役兒童的事情。二〇一六年，根據CNN的報導，已經有好幾百萬個美國人聽過這個假新聞。

某一名二十九歲的男子對這則消息相信不疑。他從北卡羅萊納開了好幾個小時的車到華盛頓，到披薩店開槍掃射，大喊他是來救小孩的，直到他發現根本沒有任何新聞上所提的小孩被奴役的線索，才跟警方自首。後來他被法院判了四年監禁徒刑。

另一個非常有名的網站是美國的布萊巴特新聞網（Breitbart News），當時的執行主席史提芬・班農（Steve Bannon）是川普的競選顧問，自美國川普總統首任期起到二〇一七年八月曾擔任美國白宮首席策略長。布萊巴特新聞網並非只報導假新聞，其內容摻雜了一些真正的新聞——儘管這些真新聞也是精心挑選的——社論和假新聞。在德國，親另類選擇黨的新聞雜誌《緊密》（*Compact*）也用類似的經營策略。這種手法讓人很難把布萊巴特新聞網統稱為謊言網站，但其中一些報導卻是不言而喻。

傳說中的多特蒙德教堂火災

二〇一七年一月三日，名叫維吉尼亞・哈勒（Virginia Hale）的作者在布萊巴特新聞網發表了一篇文章，文章的標題為〈揭密：一千個暴民攻擊警察，跨年夜放火燒毀德國最老的教堂〉。消息指出，一千多名喊著「真主至大」的男子，跨年夜燒毀了德國最老的教堂，並攻擊警察，現場還可以看見親伊斯蘭國的自由敘利亞軍旗幟。布萊巴特新聞網想散播的訊息很明確：和恐怖分子走得很近的難民在德國橫行霸道，燒毀基督教教堂。

事實完全不是這樣，這則新聞扭曲了跨年夜的某個微小事件。先不管文中提到的教堂根本不是德國最老的教堂（這一點後來布萊巴特新聞網更正了），發生火災的也不是教堂，只是教堂邊搭的鷹架網子，那個網子是用來接住跨年夜的鞭炮煙火用的。

現場也沒有上千個男人高喊「真主至大」，只有幾個難民歡呼口號慶祝自由敘利亞軍的勝利。當時的確有人揮舞自由敘利亞軍的旗幟，但是自由敘利亞軍並不是伊斯蘭國的盟友。事實完全相反：自由敘利亞軍多年來一直和西方部隊一同對抗伊斯蘭國。

《魯爾新聞》報導了這起事件，記者也親臨現場過。布萊巴特新聞網的這名女作者利用了地方媒體新聞的核心，誇大扭曲了整個事件，其扭曲事實程度之高，實在不能歸咎於疏忽或錯誤。科隆二〇一五／二〇一六跨年夜的暴動引起了世人的關注，也許她試圖把同樣的手法重現於難民跨年夜的暴動。正如《時代報》的分析：「布萊巴特新聞網重視的不是尋找真相，而是製造政治混亂。」

從布萊巴特新聞網和史提芬·班農這類的假新聞主使者可以看出，他們跟俄國政府的假新聞主使者的目標一致：兩者都想分化民主制度。

「死去的事實墳場中新生了『感覺到的』事實，大家心知肚明，這些陳述毫無根據」，出版家諾伯特·史耐得分析說。上面這個句子意義為何，從剛才提到的假新聞實例中可以看得一清二楚。新聞工作者及政治人物都提出了警告，人類的駕馭媒體的能力不如操弄的技術可能性。有些政治人物致力立新法，來規範假新聞（詳見頁一六八），也有人呼籲應該教育民眾。一直以來，特別嚴重的問題是，這些有問題的資訊來源，如：布萊巴特新聞網、俄羅斯的新聞線上、《緊密》等在臉書上的呈現方式跟正統優質媒體一樣。假新聞在網路上如病毒般的傳播速度，也是一項很大的挑戰。

「這個時代稱為『後事實』時代」，《明鏡》總編克勞斯．柏林克包依姆說道，「因為對很多人來說，謠言和謊言很有娛樂效果，但是過了一段時間連他們自己都相信這些謊言是真的。臉書和推特傳播訊息，不管是否有事實根據，一切看起來都跟真的沒什麼兩樣。當演算法成了總編時，想閱讀種族主義文章的人就會只看到種族主義的文章。」

問題是，我們該如何對抗上述的扭曲真相的方式？即使有了捍衛真相的方法（詳見頁一六三），對抗假新聞的特效藥很難找。在找到解方之前有個定律，「不管準備好了沒，總是出事了才會學乖」，《時代報》寫道：「這就是資訊戰的陰險詭辯之處。」

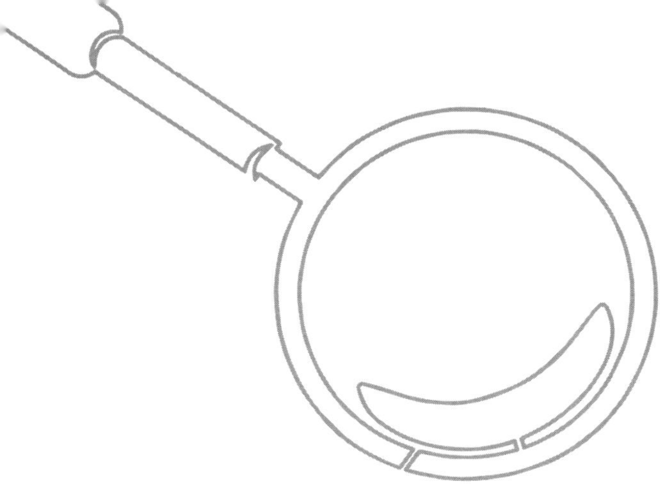

第2章 媒體基礎課程

新聞工作者本身犯了一些錯誤，成了大眾指責的對象。現在正是放大檢視新聞工作的時候了，我們該看看正統的新聞工作者應該遵守哪些規則，以及新聞編輯流程和控管的方法有哪些。此外，新聞工作在現實社會中又面臨了哪些挑戰？且讓我們看看背後祕辛。

新聞自由——誰說的？

「媒體和其他行業不同，其中一個差別就是生產口香糖並沒有特別受到憲法的保護。」著名的新聞工作者赫伯特・李爾黑塞（Herbert Riehl-Heyse）提到。

新聞自由權受基本法的保障。「保障」這個用語說明了新聞自由受基本法保護的強大力量，因為要修改憲法，要克服的關卡非常多。基本法規範了社會中的重要價值，比方說保障人性的尊嚴、法律之前人人平等、禁止歧視及宗教信仰的自由等。

德國基本法的第五條中明文說明[6]：

一、人人有以語言、文字及圖畫自由表達及傳播其意見之權利，並有自一般公開之來源接受資訊而不受阻礙之權利。出版自由及廣播與電影之報導自由應保障之。事前審查制度不得設置。

二、前項權利之界限在一般法律之規定、保護青少年之法律規定及個人名譽之權利。

仔細閱讀的人會注意到：「人人」都有權利，接受資訊和表示及傳播意見之自由，這就是所謂的言論自由。這個定義的結果就是，「新聞工作者」這個職業並沒有受到保護，不需要考試或申請才能從事新聞工作，原則上每個人都能從事新聞工作。

6. 譯註：譯文取自李建良二〇一二年的譯作《德意志聯邦共和國基本法》，譯者小幅修改。

很多人都不知道這一點。那些認為新聞工作者是「上面指使」的人，可能會以為記者如果不照上頭指示寫報導的話，就會喪失「證照資格」。然而，這種證照根本不存在。

基本法第五條的第二句指的是新聞自由，這是言論自由裡的特殊形式，而且不只限於書寫的語言，不管是線上還是印製的，也不論電視還是廣播管道。

第三個句子是：「事前審查制度不得設置。」德文「審查」（Zensur）一詞源自拉丁文 censure，原意為評估、檢查、考核的意思。古羅馬的審查者是特指監督羅馬人的風俗習慣者。如今，和新聞自由相關的審查制度指的是，比方說，國家單位檢查特定的資訊是否可以出版，這類的審查制度在德國是不存在的。新聞工作者及編輯部就可以決定什麼要發表、什麼不發表。

其他的國家法律不同。某些國家的新聞自由是有限制的，也就是說，特定主題的報導、特定書籍或特定記者、作家的報導完全被禁止出版。英國歷史學家提摩西．賈頓．艾許（Timothy Garton Ash）曾寫道：「最有效率也最狠毒的審查制度，如現今的中國或伊朗，就是完全沒有任何書面規範，完全是政府官員或政黨要員的隨意決定，毫無申訴可能。」在這些國家，大眾傳播媒體直接由政府管束，媒體的功能是影響民眾的思想言論。「民主制度沒有新聞自由是不可能存在太久的，專制政權則是沒有審查制度就活不下去。」艾許總結道。記者無國界組織二〇一七年公開的新聞自由排行榜中，排名第一的為挪威，俄國位居第一百四十八名，伊朗第一百六十五名，中國第一百七十六名，北韓居第一百八十名——排行榜有一百八十個國家，德國排名為第十六名。

基本法第五條第二項表明，新聞自由也有界限——規定在其他法律裡。新聞工作者不可毀謗他人名譽，也就是不可出版不正確的資訊損害他人。比方說，如果記者說梅克爾是被判刑的竊賊，這就是毀謗名譽。梅克爾可以向法院要求禁止散播這則消息，而且她有權請求傷害賠償。因此，錯誤的消息可能會花編輯部不少錢。還有其他範疇界定，哪些新聞有價值、哪些沒有（詳見頁一二五）。

聯邦憲法法庭的判決使新聞自由更具體化。比方說，法院決定國家有義務阻擋單極化的言論危及新聞自由，規模太大的出版社及新聞媒體不得壟斷結盟，損及互相監督之責。

總結來說：新聞工作者是少數被憲法定義規範的職業。

我們為何需要新聞工作者？

某物有多重要，很容易用一個小小的實驗檢驗：如果沒有這樣東西，會發生什麼事？

試想，這個世界若沒有新聞工作者，將會變成什麼樣子？電視和廣播裡沒有新聞可看可聽，沒有報紙，網路上或應用程式裡也沒有新聞編輯部的資訊。在這種情況下，我們如何得知曼徹斯特發生了炸彈攻擊？我從哪裡知道我最喜愛的足球隊是否贏了賽事？誰能告訴選民，政黨在聯邦議會選舉承諾了什麼？誰能告訴我明天的天氣如何？你可能得同時到世界各地接收資訊、自己打電話給天氣專家或學習怎麼破解文字符號。就算我們活在網際網路的時代，這些工作都要自己做時也很困難，一個人不可能同時隨時更新世界各地的重要大事，因此，社會把收集整理資料的工作交給專業人員，就像選民在聯邦議會選舉用選票選出政治代表，送往柏林。

記者的核心工作就是：調查、找資料、說明、控管、批評、社會化、教育、培育和娛樂。

現在的政治人物當然也能直接和選民透過社群媒體溝通。他們也知道這麼做有哪些好處，這點在某個電視節目說明得很清楚。節目中，左翼黨的莎拉．瓦根克內希特（Sahra Wagenknecht）提到她用臉書帳號跟選民之間的溝通：「我自己也用……如果一個星期內可以傳送訊息給一百萬人，這已經是個中型報紙的量了……此外，另一點讓我很高興的是，那裡沒有人會把我濾掉，我不用枯等別人來問我問題，我可以直接把我認為對的意見貼上去。」另類選擇黨的弗勞克．派翠（Frauke Petry）[7]也在同一個節目表示：「社群媒體對我們來說好處多多，一來，我們身為訊息發送者，民眾與競爭對手皆為訊息接受者，兩者間沒有過濾機制。」我們可以注意到：政治人物在社群媒體找到一項利器，可以直接跳過新聞工作者。他們直接和支持者對話，也不用回答令自己不悅的問題。這管道非常舒適，但是從選民的利益角度來看並非如此。試想，你想要買一臺洗衣機，你應該不會只聽一家廠商說他的產品是最棒的就去買，而是參考其他中立管道的評價和比較。政治的超級市場也該如此：為了比較不同的產品，政黨和候選人必須接受媒體挑戰。

什麼叫做「第四權」？

德國的統治模式為權力分立，避免某單一機關權力過大。德國基本法規範了三權分立，分別為：立法、行政及司法。

這三個權力在聯邦層次及各邦層次的運作為：國會立法行使立法權，政府行使行政權，法官和法院則行使司法權。這些部門各自獨立，只需對法律負責。國會的立法若違背憲法，則最高法院，也就是德國聯邦憲法法院有權駁回。德國聯邦憲法法院對於法律的效力有最終決定權。

德國具有法治國家的保障，除了這三個權力之外，另外還有類似快速

7. 譯註：目前已經退出另類選擇黨。

偵察部隊的媒體第四權。雖然沒有任何法律明文規定，但是新聞工作常被稱為「第四權」。媒體可以引起民眾對某個議題的關注，也可以查出錯誤。新聞工作者追查某個事件時，一開始可能是單獨行動或是和幾個同事參與該事件。但是如果記者把問題寫在《南德日報》或在《每日新聞》播報的話，他們就使用了超級管道，參與的有一百三十萬的讀者和一千萬的觀眾。

正因如此，很多有權力的人不太願意跟記者談話。因為他們一不小心說溜嘴或犯錯，記者就會報導，接著「砰」的一響：全世界都會知道。

從社會的角度來看，記者挖掘他人想隱藏的不公不義之事非常的重要：比方說食品內含有有害物質，或是某個學校連個像樣的廁所都沒有等。記者報導的內容並不一定都是刑事案件，有時可能是道德上令人質疑的事件。比方說，某個政治人物被指控說謊，又或者某公司員工都領最低工資，公司的經理人卻年薪百萬，完全不覺得理虧。這類的例子可能不需要法院受理——謊言和貪婪不一定要處罰判刑，但是這些事還是該讓社會上的人知道。前國防部長古滕貝格的論文造假事件就是一個很好的例子（詳見頁二十七）。

跟選舉有關的新聞，重要性便提高了。民主制度裡懂得批判的新聞工作者身負重責大任，聯邦憲法法院院長（德國最高層級的法官）安德烈亞斯・福士屈勒（Andreas Voßkuhle）也這麼說。

有一件工作是新聞工作者幾乎不會的：改變事實。記者可以不停地發掘問題，提供線索。當事人的壓力變大後，才會做改變。

「媒體」——到底是誰？

最近這段時間，「媒體」成了話題焦點，典型的句子像是「這個議題媒體根本不感興趣」或「媒體的報導只有三言兩語」。那麼，「媒體」到底是誰呢？這樣的用語非常籠統，新聞工作者跟其他人一樣也是單一個體。新聞編輯過程中也不無老鼠屎，也就是那些不遵守規則或草率行事的從業人員。新聞工作者的頻道非常寬，套句提摩西．賈頓．艾許的說法：「從十惡不赦的罪犯到十足的偉大英雄都有」。但是不論行為如何，他們的名稱都一樣，令人可憎的記者還是叫記者。

檢視那些優質又認真行事的新聞工作者，我們不難看出共同之處：新聞工作者是解說世界的專業人士。好奇心是他們的動力，他們懂得問問題，也想進一步探索我們所處的世界，他們跟有興趣的人分享他們的知識。大部分的新聞工作者不是為了賺大錢或成名（賺大錢成名的只有極少數），他們是為了理想才入這一行。

提到「媒體」時，並不是指單一的記者，而是整個或是好幾個新聞編輯團隊。

新聞編輯及其產品（包含電視節目、報章雜誌和網站）涵蓋了不同的形式，也可分為「公眾利益」及「特殊興趣」的新聞。「公眾利益」的新聞編輯報導世上有趣的事：政治、經濟、體育、文化、花邊新聞等，「特別利益」的新聞則是像足球雜誌或時尚雜誌。從行使第四權（詳見頁九十二）的新聞工作角度看來，「公眾利益」的新聞報導特別重要。所有知名媒體發送新聞的管道都很多元——應用程式、電子紙[8]、電子報、臉書、推特、YouTube、網站等，有些媒體甚至會發送聊天或快照訊息。通常不同管道的編輯部門也不同，同一個媒體公司的印刷新聞、線上新聞和社交媒體的新聞編輯是各自獨立運作的。知名的媒體單位早期多以報紙、週刊或電視臺起家，因此我們有必要先仔細看看這些媒體的源頭。

8. 編註：E-Paper，一種電子顯示器技術，特色是輕薄、低耗電，從各角度看顯示內容均清晰可見。現多用於電子書閱讀器與電子廣告看板。

一份報紙的讀者有多少，要先釐清報紙的發行量和影響範圍。發行量是指一份報紙實際銷售的份數，包含店家販賣的平面媒體和數位媒體訂閱數。影響範圍則是指閱讀報紙的實際讀者人數有多少，因為同一份報紙可能有好幾個人閱讀，比方說同一戶單位裡有兩三個人閱讀一份報紙，或者美容院同一份報紙可能一天有二三十人閱讀。

日報

《圖片報》（*Das Bild*）是跨地區性的報紙，星期一到星期六出刊。《圖片報》的風格忠於名稱，裡面的圖片很多，標題的字體很大，議題簡短明瞭，線上版 www.bild.de 的新聞風格也類似。這種報紙稱為馬路報紙，創報日為一九五二年六月二十四日。目前的發行量為一百七十八萬八千六百二十六份，影響範圍則為八百四十六萬個讀者。《圖片報》的總部在柏林。

《世界報》（*Die Welt*）發行全德國，日報形式，跟《圖片報》一樣為阿克塞爾·斯普林格出版集團旗下事業，總部也在柏林。每星期一到星期六出刊，創報日為一九四六年四月二日。讀者群為中產保守階級，發行量為十七萬五百三十一份，影響範圍有七十六萬個讀者。線上連結網址為www.welt.de。

《法蘭克福匯報》（*Die Frankfurter Allgemeine Zeitung*，簡稱ＦＡＺ）也是跨地區性的大報，出刊日為星期一到星期五，一九四九年十一月創報，總部如其名，一直都在法蘭克福。發行量為二十四萬零三百二十五份，影響範圍約一百萬名讀者。《法蘭克福匯報》屬於政治保守的報紙，線上網址為 www.faz.net。

《南德日報》（*Die Süddetusche Zeitung*，簡稱 *Süddetusche* 或 SZ）創刊日為一九四五年十月六日，也就是二次世界大戰結束後不久。出刊日為星期一到星期六，發行全德國。編輯部在慕尼黑，發行量為三十六萬五千九百三十八份，影響範圍約一百三十二萬個讀者。《南德日報》的政治傾向偏左，線上網址為 www.sz.de。

《日報》（*Die Tageszeitung*，簡稱 taz）也是跨地區性的報紙，一九七八年在西柏林創報，偏左、獨立，總部位於柏林。出刊日為星期一到星期六，發行量為五萬零四百八十七份，影響範圍約二十一萬二千個讀者。網址 www.taz.de 可以閱讀《日報》的新聞。

週報和週刊

《時代報》（*Die Zeit*）是每週發行一次的報紙，創刊日為一九四六年二月，出刊日為星期四。新聞編輯總部在漢堡，政治傾向為自由派，發行量為五十萬四千四百二十份，影響範圍有兩百三十萬個讀者。線上網址為 www.zeit.de。

新聞週刊《焦點》（*Fokus*）創刊日為一九九三年一月十八日，為各大媒體中歷史最短的。出刊日為星期六，發行量為四十五萬六千零二十份，影響範圍有三百六十二萬個讀者。網址為 www.focus.de。《焦點》的新聞編輯部在慕尼黑，政治立場偏保守。

《明鏡》（*Der Spiegel*）總部在漢堡，每週出刊一次，創刊日為一九四七年一月四日，期間出刊日變動多次，目前的出刊日為星期六。該刊的發行量為七十七萬一千零六十六份，讀者有五百八十八萬人。線上網址為 www.spiegel.de，政治立場傾向左翼。

《亮點》（*Stern*）週刊創刊日為一九四八年八月一日，與純新聞的《明鏡》相比，內容比較多樣。發行量為五十九萬五千七百二十九份，有七百一十二萬個讀者。由於性質和很多畫報相仿——圖重於文的雜誌——《亮點》的政治立場較不容易確認，一般會把它歸於中間保守和中間偏左之間。新聞編輯總部位於漢堡，網址為www.stern.de。

跨地區性的大報還有週末版，份量較厚，編輯部可能也是分開的。這些週末出刊的報紙，字尾常有一個S，比方說《週日版法蘭克福匯報》（*Frankfurter Allgemeine Sonntagszeitung*，FAS）、《世界報週日版》（*Welt am Sonntag*，*WamS*）、《週日圖片報》（*Bild am Sonntag*，*BamS*），只有《南德日報》的週末版稱為《週末版南德日報》（*SZ am Wochenende*）。

公共電視廣播及私人電視廣播

二次大戰後，德國廣播電視聯盟成立，包括了電視及廣播。德國電視首播日為一九五四年，一開始每天只有兩小時。德國廣播電視聯盟成立目的為：「藉由播放資訊滿足民眾教育及娛樂等『基本需求』」，傳播學者克勞蒂雅．瑪斯特（Claudia Mast）解釋道。這個聯盟目的也是確保媒體發展不會被政府左右，重蹈納粹時期或東德時期的覆轍（詳見頁四十四）。德國電視一臺，也就是德國廣播電視聯盟各成員電視臺的共同體，目前有九個邦層級的獨立電臺，總部也各自獨立：位於科隆的西德廣播（WDR）、位於司圖加特的西南廣播（Südwestrundfunk）、位於漢堡的北德廣播（NDR）、位於慕尼黑的巴伐利亞廣播（BR）、位於萊比錫的中部德國廣播（MDR）、位於法蘭克福的黑森州廣播（HR）、位於柏林的柏林-布蘭登堡廣播（RBB）、位於薩爾布呂肯的薩爾廣播（SR）及不萊梅廣播（RB），這些公司提供所謂的第三類公共臺節目，德國電視一臺的影響範圍為每日四千七百二十萬名觀眾。

一九六一年德國電視二臺在美因茲成立，成為德國電視一臺的競爭對手。它和聯盟形式不同，運作是中央自主的。德國電視二臺的影響範圍每日有三千三百四十萬名觀眾。目前部分的公共電視廣播節目可以在線上收聽收看，網址為 www.ard.de 或 www.zdf.de。

此外，德國還有文化電視臺 3sat，由德國公共廣播聯盟、德國電視二臺、奧地利廣播集團以及瑞士廣播電視集團共同運營。紀錄片或專題頻道鳳凰臺（Phoenix）、兒童臺（KiKa）、德法合作的德法公共電視臺（arte）以及一九九四年開播的德國廣播電視，全年無廣告播放節目。

一九八〇年初，德國開始有私人電視臺及廣播電臺。大部分的私人廣電公司都是歸於以下兩大公司旗下：ProSiebenSat.1 傳媒集團或 ＲＴＬ 傳媒集團。ＲＴＬ 電視臺每日有兩千三百六十四萬名觀眾，ProSiebenSat.1

有一千一百三十二萬四千名觀眾，ProSiebenSat.1 的影響範圍有一千兩百八十一萬名觀眾。

德國大部分的媒體都致力呈現客觀的報導——先不論報章雜誌的基本政治立場，這點對讀者或觀眾來說非常重要。這一個原則也不是舉世通行，很多其他國家的傳統不同，那裡的媒體可能以特定的政治立場為導向。比方說，瑞典的報紙都和特定政黨有關。這種系統的缺點是，媒體市場上新興力量不易興起，而且媒體版圖分化嚴重，就像美國的現狀一樣。

新聞調查是什麼?

德文的「新聞調查」（Recherche）這個詞源自法語，意思是「調查」、「追蹤研究」的意思。新聞追查這個概念明白揭示了，記者對於到手的資料並不是直接接受就好，而是必須追問並深入調查。

由於數位化的緣故（詳見頁四十五），知識幾乎唾手可得，我們可以自己查資料。然而，由於大部分的人沒有時間或沒有足夠的知識，媒體提供了一項服務：從大量的資訊中找出重要的，檢驗後為消費者整理出前因後果。在充滿假訊息的社會裡，徹底追查更為重要。「新聞調查的工作比撰寫新聞稿還重要。」記者威利・克尼格凱（Willi Kinnigkeit）斬釘截鐵地說。

新聞編輯部是如何取得資料的？世上發生的大事，他們通常比其他人更早得到消息。大部分的新聞編輯部都跟新聞通訊社合作，因為沒有任何編輯部可以在全世界各地都派駐記者，也就是所謂的通訊記者。新聞通訊社則在全世界布有通訊記者網。他們由世界各地發送通訊、報告或報導，新聞通訊社把這些訊息提供給媒體。

世界上有五個新聞通訊社，把訊息提供給世界各地的顧客：美聯社（Associated Press）、法新社（Agence France-Presse）、路透社（Reuters）、合眾國際社（UPI）、彭博社（Bloomberg）。有三個新聞通訊社提供德文新聞：德新社（Deutsche Presse Agentur，簡寫為dpa）、法新社和路透社。德新社擁有美聯社在德國的新聞代理權。

許多新聞編輯部透過所謂的自動新聞收報機接收消息。上面可以看見消息傳入的準確時間，如果有重要新聞進來，收報機會以醒目的顏色或聲音標記。編輯部可以一字不漏完全接收新聞，尤其是時間緊急時，編輯部經常會這麼做。這類的新聞稿的後面會加註新聞通訊社的縮寫，例如rtr就是指路透社。

有時候，不同的新聞編輯部會接收新聞通訊社的同一則消息——比方說某處發生了恐怖攻擊，或某個名人去世的消息。不知道新聞背後的運作有新聞通訊社的參與的人，或不認識通訊社縮寫的人，可能會覺得奇怪，為什麼不同的媒體新聞稿一模一樣？由於他們不清楚新聞運作的背景，可能會以為這些媒體已經協議好內容，或彼此抄襲。知道新聞編輯怎麼運作的人，一看新聞稿就一目了然。

當然，新聞通訊社並不是記者獲得訊息的唯一來源。

視專業領域而定，新聞工作者也會跟不同領域的人保持聯絡：政治人物、自由經濟的工作者、學者專家、運動員、藝術家或者單純某個城市裡的居民。從這些人身上，記者可以挖掘到很多故事和題材。如果幸運的話，這些題材是沒有其他記者報導過的——這就成了獨家消息。原則上記者有權利採訪公家機關，除非有特殊狀況需保密，例如法院開庭。

理所當然，新聞工作者必須注意，不能反被資訊利用：提供消息給記者的人，背後可能帶有特定目的。正因如此，新聞工作者必須追問：這個資訊正確嗎？資訊提供者怎麼會知道？有其他線索支持這則消息的真實性嗎？

這幾個疑點解決後，新聞工作者還必須考慮：為什麼這個人要告訴我這件事？他有什麼好處嗎？公開這個消息會發生什麼事？提供資訊者有什麼好處？並不是每個跟記者接觸的人都有偉大崇高的目的。有些人可能是為了復仇、削弱敵人勢力，有些人可能是想幫自己或朋友臉上貼光。資訊提供者本身跟訊息關係愈少，動機也較單純，就愈能對記者吐露實情，訊息的可信度也比較高。

對消息來源或訊息的正確性仍有懷疑時，新聞工作者就應該放棄公開該資訊。

曾經有知名記者出糗的案例，因為故事本身實在太引人入勝了，於是他們想盡辦法相信資訊提供者。在德國最有名的案例就是假想中的希特勒日記。《亮點》在一九八三年公開了以希特勒日記為題的封面報導，文中引用了他們的消息來源。報導公開沒有多久，就有人證明那些日記都是假的。事實上，任何一個記者在發表前應該都看得出破綻，但是他們卻選擇視而不見。他們滿腦子想的都是獨家報導——記者把這種破天荒、獨一無二的新聞這麼稱呼。很多記者剛出道時都夢想可以發篇獨家報導。

影片和小說情節中的祕密追查過程，其實並不是新聞工作者的日常，只有在別無他法迫不得已的情況下，而且確實真有必要大費周章，記者才會暗中從旁取得資訊。換句話說，此時他們問問題時不會承認自己的記者身分，而是假裝為了其他理由追查事件。隱藏式錄音機或相機都是祕密調查常用的工具。

如果新聞工作者必須對他人施壓才能取得資訊，或者甚至可能造成他人傷害，那麼新聞調查的工作就越界了。

時下的新聞工作者並非全部都得做這種深入調查——也就是不滿意手上得到的資料，必須另外追查新的線索。大多數新聞工作者只需要釐清對讀者或觀眾來說有關的資料脈絡，整理頭緒加以報導即可。

如何衡量新聞價值？

並不是每項資訊都有登上媒體報導的價值。王小明今天中午吃了什麼午餐，或梅克爾今天中午吃的午餐，這兩件事都是資訊，但是並不是新聞。新聞工作者如何決定哪些資訊要上新聞，哪些不上新聞呢？為了避免大家都靠直覺決定，新聞工作者必須參考一些準則：根據傳播學者克勞蒂雅・瑪斯特的說法，新聞首先必須「出乎預期、不尋常或令人驚訝」。新聞記者通常會先問：這是一起「狗咬人」事件嗎？這種事情全世界都會發生，沒什麼稀奇；還是這是一則「人咬狗」事件？這就不常發生了，值得注意。

有些事件本身意義重大，原本就值得報導，比方說第一個登上月球的人，或其他很多人參與或有關多數人的事件，例如聯邦議會或地方議會的選舉、很多人死傷的災難、意外等。

除了事件本身的意義指標，民眾的興趣也是消息是否值得成為新聞報導的指標，其中影響的因素很多：

一、切身程度：某個事件愈與某人相關，某人對該事件的興趣愈高。陌生城市的某一條路被封了，某人可能毫不關心，但是如果被封的是他家門口的路，他就會想知道。報導風災、自然災難、公共事務都是如此。

二、知名度：某人的名氣愈大，大眾對某人的興趣愈高。比方說，大家都想在電視上看見英國皇室婚禮，但是對於某對在倫敦結婚的男女，民眾就沒有興趣了。

三、時效性：讀者、觀眾與聽眾都想知道即時發生的事件。可能的話，或許還想事先就知道，比方說暴風雨預報，至少大部分的新聞都是事件發生不久就有人報導。

四、人本關注：也就是人類「天性會關心」的議題，大部分都是和情感有關的故事，也可能是好笑或奇人異事。比方說失散多年的家人重逢，或生重病的人奇蹟痊癒。這類「軟性」新聞──記者的行話是這麼說的──和一般放在前頭「硬」新聞相比對，提供了一點娛樂價值，柏林動物園的貓熊夫婦就是個典型的例子。

新聞工作的現實裡，我們很難劃清各種單一要素之間的界限，因為大部分的新聞都具有混合性的特質。

畢竟，某個議題到底要選還是不選，新聞編輯部必須有所取捨。選擇的原則也跟媒體的傳統和屬性有關。

新聞價值與媒體走向也會影響報導議題的深度：新聞平臺是否要發即時快訊給讀者？這個議題要上封面報導還是頭條？新聞篇幅要限制在三十行內還是三百行內？新聞是否要製作成三分鐘的報導，還是擺在主要新聞後的專題追蹤？新聞工作者必須在考量種種因素後決定。

這個章節也告訴我們：用這種方式產生的世界形象當然不是完整的，也不一定會跟某人的日常生活相關。「新聞呈現的是和日常不同的事件，和現狀相比，新聞比較偏向新的現象；新聞也沒有提供解決問題的方法，而是突顯問題的存在。」克勞蒂雅．瑪斯特寫道。有些民眾認為媒體這種趨勢很不可取。幸好，已經有人提出不一樣的想法了（詳見頁一五〇）。

新聞工作者應遵守哪些規範？

撇開基本法的第五條（詳見頁一〇〇）不說，新聞工作者還有許多自訂的規範。換句話說，這些規範不是法律，但是新聞工作者入行時會學習這些規範，遵守行規也被視為格外重要。

在德國，新聞工作最重要的原則列在新聞委員會編輯的新聞工作倫理規範內。新聞委員會也會監督新聞工作者是否遵守該規範，並受理違規申訴。此外，如果工作者認為新聞自由遭危及時，新聞委員會也會出面。

德國新聞工作倫理規範的前言中特別提到：

「出版者、主編發行者及新聞工作者執行任務時，必須兼顧公眾責任及維護新聞工作形象的義務。出版工作應秉持公平、公正、求真原則，並不得受個人利益及其他不當動機所影響。」

新聞工作倫理規範有十六條，外加補充條款。由於新聞工作倫理規範內容包含太多細節，在此不詳述。德國新聞委員會的網頁上可以免費下載。

有一些領域是新聞工作倫理規範有特別規範或強調的，人性尊嚴的維護、調查及出版之違反疏忽原則、正確呈現的義務。此外，觸及個人資料時的調查界限為何、工作機密、保護資訊提供者、區別出版者及新聞編輯、保護人格、摒棄謾罵特定的世界觀或宗教、禁止聳動或歧視的報導、保護青少年、無罪推定原則、醫療報導、禁止收受優惠原則、申誡公開原則。

最後一點是揭示：如果新聞工作者違反工作道德的話，人人都有到新聞委員會提出申訴的權利。如果新聞委員會確認該情事確實存在，則委員會有權提出申誡、斥責或警示。這些方法並不具法律效果，但是正如新聞工作倫理規範最後一款的說明，媒體必須公開新聞委員會的裁判結果。

二〇一六年新聞委員會接到一千八百五十一個讀者提出的申訴案件。二〇一五年也有二千三百五十八件。二〇一六年的申訴案中，委員會針對三十三案提出申誡，二〇一五年有三十五件。

討論假新聞時，新聞工作倫理規範內提到的違反疏忽原則，意義特別重大。新聞工作者發表新聞前有義務確認內容的真實性，也必須確認訊息來源的可信度。新聞內容是否為絕對真實，是一個棘手的問題（詳見頁一五二）。儘管如此，新聞工作者必須努力並客觀地呈現事實。「小心謹慎行事，」傳播學者克勞蒂雅·瑪斯特說，「新聞工作者尤其必須意識到錯誤資訊的影響範圍，和可能帶來的傷害有多大。」新聞工作者若蓄意或過失報導錯誤，可能會被告侮辱或毀謗。

除了新聞工作倫理規範外，還有許多國內的及國際的不成文法或規則，都是新聞工作者應該遵守的共同規則。

其中一項為：「Be first, but first be right」——意思就是「要當第一個發新聞的人，發稿前得先確認新聞是正確的！」成為第一個發布新聞者可說是新聞編輯的成功指標，但是這個動作萬萬不可出錯。新聞工作者喬治·馬斯寇羅（Georg Mascolo）是這麼說的：「要當第一個發新聞的人不算什麼過錯——這甚至是我們工作中第二重要的——然而，最重要的是，確認這則新聞是正確的。」這個原則對於爆炸性的新聞來說格外重要，如意外、災難消息、攻擊或死亡新聞。

另一個守則就是所謂的雙來源原則。也就是說，同一個消息要有兩個不同的來源確認，才能公開發表。雙來源原則很少有例外情形，比方說新聞通訊社來的報導或是官方公開發表的資訊就不一定需要雙來源。在真實的世界裡，要做到這一點也不容易，因為特定謠言可能早已在社群媒體流傳是常有的情況。在極少的狀況下，新聞工作者只有一個新聞來源，但是該來源非常可靠。如此一來，媒體可以在必要時緊急發布新聞。二〇一七年六月十六日德國前總理柯爾逝世的消息就是這樣的例子。他的死訊是由《圖片報》發布的，當時《圖片報》的總編凱．迪克曼是柯爾夫婦很親近的朋友，所以其他媒體可以確認消息的可信度。不過，當時有很多媒體並沒有在第一時間發布柯爾的死訊，而是引用《圖片報》的消息。因為死亡訊息的絕對守則便是當第一個發新聞的人，得先確認新聞是正確的！

和資訊提供者的談話必須秉持互信原則，這守則也適用於國際新聞工作。在德國，訪談條件有三，分別為第一種、第二種及第三種條件。英文則只分為兩種：即不能公開的（off the record）或可以公開的（on the record），訪談雙方必須在談話前先協定好。如果他們協定談話可以依「第一種條件」進行，表示記者可以逐字逐句引用，也可以公開姓名。這種情況非常透明，其實第一種條件實務上很少出現。比較常見的狀況，是依「第二種條件」進行的訪談，也就是記者可以重述被訪者的意思，但是並非逐字逐句引用，也不能引用受訪者的姓名。在新聞報導中，第二種條件的訪談例子如下：「政府有關單位表示，……」至於第三種條件的訪談資料，根本不能公開出版。但是記者可以繼續循線追查線索，並且以非直接的方式融入新聞報導。

國際上只有兩種極端條件可以運用：「可以公開的」表示是正式的並且可以逐字引用，「不能公開的」則表示為保密的，非正式的，只能當作背景資料。如果新聞工作者違背了協定，例如引用了只能當作背景資料的談話，違反了工作道德，除了新聞編輯部的名譽會受損，未來可能也沒有人會信任違規的記者。

還有另一個守則是跟記者的影響力有關。德國一名德高望重的記者漢斯．約阿希姆．弗立得立希斯（Hanns Joachim Friedrichs），一九八〇年代，德國電視一臺每日新聞的主播曾經在接受《明鏡》訪談時說過一個句子，這個句子到現在德國新聞工作者都還奉為圭臬：「我在倫敦 B B C 工作的五年間學到了一件很重要的事：保持距離，別倒向任何一則新聞，即使是良善的新聞也不例外。」

這句話區分了——依照英國傳統——新聞工作者和激進分子。媒體本來就該秉持中立的原則追查，經過精闢分析後，記者當然可以呈現特定的意見，但是他們不該偏頗報導，就算是目的良善也不可為。

許多新聞工作者，也許不是德國所有記者，現在還是這麼認為。《圖片報》之前的「歡迎難民」的活動，就是很好的例子。許多其他新聞部根本不會考慮舉辦這樣的活動。他們擔憂的是，讀者、觀眾或聽眾未來不會相信他們的難民報導，因為群眾會懷疑媒體立場不公。在一部記錄德國二〇一六年的紀錄片中，時任《圖片報》發行人凱・迪克曼曾被質疑，記者是否該謹守報導的本分就好，而不是加入戰鬥的行列。他回答說：「漢斯・約阿希姆・弗立得立希斯不是有句話說，『別倒向任何一則新聞沾得一身腥，即使是良善的新聞也不例外』，我一直認為這句話是錯的。」

《時代報》總編喬凡尼・迪・羅倫佐則不以為然，他支持弗立得立希斯的原則：「我急切建議新聞工作者，也包括我們自己公司的同事：記者不能成為偏袒的行動者，不該舉辦宣傳活動，只能當個批判的旁觀者。」

新聞工作者或新聞編輯如果發現某人或某公司、機構有尚不為人知的事時，則必須先告知，請他們聲明立場，這就是新聞工作裡所謂的對質。這種情形通常只是出版前臨門一腳，因為之前記者可能已經追查很長的一段時間了。對質的時間點通常很晚，避免當事人阻擋追查，或讓他們有機可乘消滅證據或對線人施壓。不過就公平起見，新聞工作者也會給當事人聲明自己立場的機會。有些報導可以讀到當事人的聲明，但在多數狀況下，當事人或公司通常「不願發表聲明」。這表示新聞工作者已經給過當事人和公司機會，說明他們的故事版本，但是他們放棄這麼做。

在推測事實的報導出版後，當事者可以要求更正澄清，但這種做法不適用於表達意見的內容。媒體法專家亞瑟爾・沃斯勒（Axel Wössner）解釋道：「打個比方，某個記者在報導中提到，某個廣播節目的女主持人只有二十六歲，卻讓人感覺很老，則當事人可以要求更正澄清，將實際年齡向上或向下調整。但是她無法針對讓人感覺很老的評論要求更正澄清。這是給當事人發言的機會，也讓當事人用自己的觀點陳述事件，只要該事件為事實的推測，當事人的想法是否符合事實則不重要。」

新聞工作這一行當然還有許多其他細節和規則，本書無法一一詳述，這些可以在參考書籍中找到資料。本書只是提個概觀，讓讀者知道，新聞工作者必須謹慎行事並遵守這些規章。這些職業道德基礎對許多新聞工作者來說跟生命一樣重要，他們絕不會違規冒險賠上自己和所屬媒體公司的名譽。對新聞工作者和新聞編輯部來說，沒有比遵守職業道德更重要的事，因為這是信任的基礎，只有這樣才能贏得讀者、觀眾、聽眾的信任。

新聞編輯的真實世界

在理想的世界裡，人人都會守法，也會找到妥協的方法。可惜的是，我們並非生活在理想的世界裡。同一件事情，總會有不同面向的觀點，此外，人類也會犯錯。

新聞工作也是如此，前述的規則和新聞工作倫理規範立意良好，只可惜現實世界並不一定是如人所願。新聞工作者必須依狀況權衡規則和利益後做決定——而且十之八九是在時間壓力很大的情況下。世界情勢如此瘋狂，新聞工作搶時間搶得更瘋狂，很多事情沒有辦法事先預料，某些特殊狀況下，記者會希望有充裕的時間準備，這時旁觀者反而覺得陰森森的。比方說，記者已經開始寫追悼文——也就是紀念死者的文章——雖然當事者還活著，這種狀況常會出現在報導已經非常年長的退休的政治人物或其他獲獎人物。很多新聞編輯也會準備一些重大事件，比方說：如果德國發生恐怖攻擊會怎麼樣？如果發生了網路攻擊造成大停電，讓新聞編輯動彈不得呢？討論這些東西是如此超現實，很多非新聞工作者可能會認為這麼做很沒有品味，然而，這的確是新聞工作的一部分。

如果是剛發生的事情，或即時發生的新聞，那麼速度就成了重要關鍵。「當第一個發新聞的人，發稿前得先確認新聞是正確的！」對許多新聞記者來說言猶在耳，他們最大的敵人就是時間：「資料追查並不是等到記者全盤瞭解後終止（這樣可能需要非常久的時間），而是找到特定問題的答案、可以理解事件的關連性就得停止。」地方記者專案小組一語中的表示。

從時間觀點來看，數位化帶來的挑戰更大，新聞工作幾乎必須即時。現場連線報導的壓力極大，這樣的工作形式過去只有電視新聞會出現。喬治．馬斯寇羅在訪談中曾提到，「我們這幾年在工作上經歷的加速度，簡直是史無前例的巨大，這樣下去並非好事……我認為，這樣的工作形式已經造成新聞工作者的負擔，也導致了犯錯的情形愈來愈多。」

如果出現新的狀況，事件始末尚未釐清，在新聞業的行話裡——借用軍隊和警方的用語——稱做「案子」或「特案」。這時，新聞編輯部必須快速分配工作，比方說有人負責聯絡警方，有人負責觀察臉書和推特貼文，有人負責到事發現場勘查，有人負責聯絡公務機關，以獲取更多的資訊來評估這個案子。新聞編輯會將得來的資訊抽絲剝繭一點一滴公開，當然一定要遵守上列原則，確定的事情才能發新聞稿。

法院記者阿妮特．藍姆爾斯貝格（Annette Ramelsberger）為《南德日報》的讀者報導了二〇一六年發生在慕尼黑的持凶器暴走事件：「新聞編輯那時必須決定哪些內容什麼要報導，哪些不要。報紙的新聞編輯還有幾個小時找資料和線索，同一時間線上新聞小組必須立刻決定要交出哪些資料。幾分鐘內，記者必須決定，槍殺線索……要不要公布在網頁上。到底是該在保護性命還是激起軒然大波，下決定就像天人交戰。《南德日報》決定報導——但不是當作事實呈現，而是提出可能性。」新聞工作最大的問題就是，當記者陷入這個兩難時，他們內心也拿不定主意。他們必須等待官方單位的消息和解說。但是讀者不管是出自好奇，還是出自擔憂，都急於想知道發生了什麼事，這些因素當然會讓新聞工作者的壓力很大。「事發後幾個小時內，資訊毫無頭緒，甚至可能彼此矛盾——急於知道真相的讀者緊咬不放，他們要立刻知道……不過，新聞工作者通常得從每分鐘傳進新聞編輯部的雜亂無章的資訊中，慢慢抽絲剝繭，沉重的事實才能逐漸明朗。有些事件需要好幾天的時間來釐清——這並非惡意隱瞞，也不表示《南德日報》要掩蓋什麼，簡單來說，《南德日報》也不知道發生了什麼事，跟其他調查者一樣，所知不多。」重要的是，其他人也必須明瞭，新聞編輯部遇到這種情形時怎麼處理，他們在時間壓力巨大的狀況下，仍然必須努力迅速取得正確資訊。不過，即使新聞工作者再怎麼努力，也不可能避免錯誤發生。

誰負責決定新聞選題？

現在可能有些人會認為全國的新聞編輯都是由政治指使（詳見頁五十一），他們認為背後有陰謀主使。的確，從前總統沃爾夫的例子可以清楚看到，政治人物如果想影響新聞報導，可能會發生什麼事（詳見頁二十八）。

新聞選題並不是總理辦公室來決定，不同的媒體有不同的傳統，選題範圍很多元，也有程度上的差異。

以公共廣播電視來說，德國廣播電視聯合會裡有設置委員會來決定新聞選題，裡面的成員包括各種相關社會族群代表，例如兩大基督教會、猶太文化委員會、勞方代表、資方代表及國會成員等，這些委員會控管節目是否符合選題基本原則。此外，這些代表們會選出並諮詢廣播電臺或電視臺的臺長，職位功能跟總編輯類似。

報章雜誌和線上媒體的總決策者為總編輯。在有疑義的狀況下——在版權說明頁也有標明——也必須負責為新聞編輯部的出版物上法庭。其實編輯部真的需要總編輯出來裁決的狀況很少，通常新聞工作者會事先在部門會議或編輯會議討論選題，經過討論、更改、刪除或納入選題後，才會進入實踐階段。文章寫好會交給同事互相修改，然後繼續處理。最後部門主管會再檢視一次。視文章的形式和篇幅，有時候編輯部會設有文章內容主編，負責閱讀和批評文章，另外有文字編輯會負責修改錯字和標點符號，最後還有檔案部，會查證文章裡面的事實。在《明鏡》這個德國最大檔案部——其他新聞編輯部只有羨慕的份。《明鏡》光是檔案記者就有七十個，他們的職責是逐字檢驗同事寫的文章，確認每個字每個事實都是有根據的，確認來源根據後，才能放行。如果還有疑義，他們就得跟文章作者討論。

出版的路上得經過重重關卡，以避免查非屬實的內容——不論是疏忽或是有心的——登上報章雜誌。

誰支付新聞工作者的薪水？

陰謀論的另一項懷疑就是新聞工作者或甚至整個新聞編輯部都是背後有人付錢指使他們——例如公司企業——用特定的立場或方式報導。這一點並不正確。

那麼，媒體要怎麼賺錢呢？一方面是賣自家產品，比方說報紙。因為固定訂戶對出版社來說是長期收入的來源，所以他們特別受歡迎。

除了販賣出版品，第二個較大的收入來源，讀者打開報紙便可一目了然。報紙裡不只有圖片和報導，也有廣告和啟事。要在報紙上登廣告，顧客必須花不少錢。傳統上，廣告收入大約占了報社收入的三分之二，三分之一是銷售報紙的收入。由於愈來愈多人偏好在網路上登廣告，比方臉書和谷歌，媒體這幾年的廣告收入逐漸下降。平面媒體現在的收入幾乎是讀者買單和廣告收入各占一半，網路的新聞平臺收入來源也是廣告。網路廣告非常受客戶喜愛，這類廣告和報紙不同，讀者只要點擊廣告就可直接找到廣告商的網址。

不管是平面印刷還是網路線上廣告：影響範圍愈大，也就是說讀者愈多，廣告的價格愈昂貴。廣告費用較高就可提供新聞工作較好的條件及品質。優質新聞會吸引更多讀者，擴大影響範圍。可惜，如果沒有廣告客戶，這種相輔相成的運作方式也會走下坡。

你現在可能會說：「就說吧！新聞工作果然是公司企業資助的！」

對，但這並不是為了某篇特定的報導。正統的新聞業者有一個共同點——發行商和編輯部，亦即廣告部門和新聞工作者是嚴格分開運作的。客戶跟廣告部門要求登廣告時，雖然可以選擇要把廣告放在政治、經濟或文化欄，但是無法選擇廣告同一頁會出現的文章報導。新聞編輯雖然知道報導旁會出現廣告，但大多不知道廣告的內容為何。一直到出版前的最後一個步驟時，才得以一窺版面的內容。所以前幾頁才登了某公司的廣告，後幾頁就出現批評該公司的工作條件惡劣的文章，並非不無可能。這樣的例子就彰顯了新聞工作的獨立性。

線上新聞平臺最近開發了新的收入來源：仿造平面媒體模式，也讓閱讀線上新聞的讀者付費。文章擺在付費牆後，讀者必須付費才能閱讀。

廣播和電視的情形完全不同，德國電視一臺和德國電視二臺的收入來源主要為用戶的使用費。這兩個電視臺當初設定的宗旨是提供民眾的資訊基本需求。德國每個家戶單位都必須付費收看電視，目前每個月的費用是十七點五歐元。

除了使用費的收入，公共電視廣播有很小部分的收入來源也是廣告。不過，廣告的相關規定非常嚴格。德國電視一臺週間的廣告總時數只有二十分鐘，而且必須在晚上八點前的日間節目，分成三到五個廣告時段播放完畢。

民營的電視廣播沒有使用費的收入，廣告為主要收入來源。這也是民營電視臺的節目廣告特別多的原因。不過，民營電視臺的廣告也有規定，比方說一個小時內不得一次播放超過十二分鐘的廣告，廣告時段間隔至少二十分鐘。此外，廣告總時數不得超過每日節目播放時間的五分之一。

怎樣才是優質的新聞工作？

「記者追查某個故事時，總是盡力用清楚及生動的方式來敘述，重現故事，清楚地分析解說，好讓原本毫無概念的讀者可以理解。」提摩西．賈頓．艾許寫道。

新聞工作不應該有審查制，應該多元及可信。新聞工作的重要特徵為獨立、懷疑的精神，不僅是對他人，也是要求自己的態度，自我批判的態度和自我檢視非常重要。新聞工作者必須鉅細靡遺，不管是針對原因、後果及真相背景。因此，新聞工作者本身要非常好奇，這個人格特性非常有助於新聞工作。

新聞工作者應該——在理想狀況下——要客觀地報導的事實與真相。艾許也表示：「事實上，這個要求真的很高。」其他人表示：這根本不可能。因此，艾許建議，可能要稍微調整成「追根究底追查事實」。「讀者是相信還是懷疑新聞工作者『確實做好了真相報導的工作』，會造成很大的差異。」艾許補充說明。「我把這個特徵稱為『確實度』。調查記者尼克．戴維斯（Nick Davies）說得更簡白一點：『對新聞工作者而言，最重要的價值就是正直：盡力訴說真相。這是我們的首要任務。』」幸好觀眾與讀者都可以感受到新聞工作者的正直。這個特質可以緊密結合讀者觀眾和新聞編輯，不正直的態度與行為會危害這種互信的關係。「《明鏡》日日致力於追求真相與公正。」馮德萊恩舉了漢堡新聞雜誌社為例子，做了總結。

有些人可能認為，打開新聞就總是有種「到處都是戰爭、不幸、迫害與爭執」的感覺。德國電視二臺的新聞主播克勞斯・克勒貝爾（Klaus Kleber）曾在節目中談到，很多人覺得納悶：「正面的新聞都跑哪去了？」提完這個問題後，他果真播報了一則正面的消息，也就是哥倫比亞政府與叛亂分子和平達成共識。

然而，他的評論也不無道理。的確，新聞工作在尋找不平凡、出乎意料、驚奇事件時，常容易聚焦在負面新聞。大多情況都是狗咬人或人咬狗的消息，很少報導會關注兩者相處融洽的事實。新聞選題經常篩掉正面消息，這的確是個問題。

這段時間有人開始討論「有建設性的新聞工作」。然而，這個概念有兩種截然不同的詮釋方向。賀里伯特・普藍特爾表示，雖然他也不以為然，但是他建議記者不要單純只是挖掘醜聞，而是想辦法「緩和」隨之而來的危機，也就是持續追蹤探討，如何能消除弊端。有人認為這樣做還不夠，他們認為有建設性的新聞工作是提出解決之道，或至少探討可能的解決方案。

德國已經有實驗性質的計畫是朝這個方向努力的。群眾集資計畫《德國每日觀點》（*Perspective Daily*）自述宗旨：「光是報導問題對我們來說不夠，我們天天自問：我們要怎麼做才會更好？」另一個計畫是北德廣播電臺的《北德廣播電臺資訊觀點》，其目的是報導「戰勝悲慘命運的故事，也報導有關創意發想，可以提供他人靈感的勵志故事。」

這個趨勢正在崛起，問題是新聞工作者如何追求漢斯・約阿希姆・弗立得立希斯（詳見頁一三四）那樣與新聞保持距離的精神——或者到底還該不該追求。

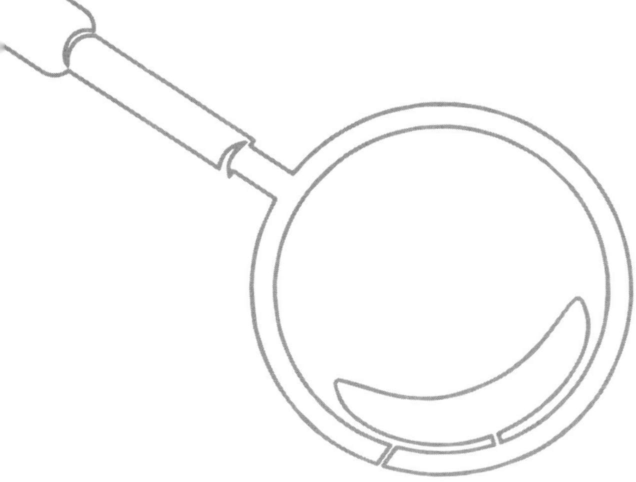

第3章

啟蒙對上假新聞

知識就是力量

謊言媒體、假新聞、另類事實——為什麼我們必須面對這些問題？難道相信自己認定正確的事實也不行？

正如基本法第五條的規範，當然，每個人可以選擇自己要相信的事實。然而，我們為何也不斷強調，「謊言媒體」、「假新聞」這類指責和假新聞對民主制度是一大傷害？

比爾·柯林頓執政時期的白宮發言人邁克·麥柯里（Mike McCurry）曾對假新聞議題發表意見，《明鏡》的有關報導如下：「麥柯里說，美國總統因為職位的關係，是世上聲量最大的人，沒有人說的話可以比他說的得到更多關注。如果這個聲音不斷傳遞謊話，就成了對真理的攻擊。」

真理因為假新聞受到動搖？

真理不只一個？

世上關於真理的問題無數多，可能的答案更多。對真理本質有興趣的讀者，有不少充滿智慧的哲學書籍可以讀。本書中只探討一個觀點，也就是真理在現在大眾口中的假新聞之亂中所扮演的角色為何？

呈現意見，尤其是呈現不同的意見，一直是媒體的傳統。在社論或封面報導中，記者通常有特定立場，文章會指出特定的命題，然後提出相關論述。這類文章並不是純粹呈現資訊，而是社會自由論證文化的一部分。有時候，文章會提出正方及反方論證，讓讀者自己決定要站在哪一邊。

先不管不同的意見導向的文章類型，如專欄、註解、評論和隨筆，所謂的「真相」報導，本身就是有爭議性的話題。出版人諾伯特・史耐得強調：「根據我們的憲法……出版的目的不是真理，而是自由。」這種自由讓人很疲累，許多人招架不及。

新聞工作者當然要保持客觀，也就是真實地報導。但是，世界上沒有絕對的客觀可言，人多多少少——不管是不是新聞工作者——都會在敘述時染一點顏色，這些都是因為我們的主觀印象所致。我們用不同的方法觀察事物，這和我們的人生經歷有關。因為如此，記者想出了一些規則，來盡量確保報導的客觀性（詳見頁一二八）。有些事實本身就是客觀性事實：比方說一場意外罹難者為五個人還是六個人，就跟個人意見觀點無關——這些是可清楚道出的事實。

在所謂的「後事實時代」或「另類事實」出現前，事實就是事實的想法至少是有道理的。當然，如果事實有誤，或有新的發現，就有訂正的必要。然而，我們現在面對的是一群不相信事實的人，或否認事實存在的人。這跟凱莉安．康威同聲喊出「另類事實」的人，所指涉的根本不是事實。這種人只是要描繪另一個事實，但是卻提不出任何證據。這樣一來，傳達資訊成了難事，連閒聊都成了問題。「挑戰在於……參與溝通的人並沒有同一個理性和事實的認知，也沒有意願在互相尊重的基礎下討論。」依蓮娜．

內瓦拉總結道。也就是說，這種人論述時既不承認理性的規則，也沒有實事求是的概念。

使用「另類事實」這種說法，等於攻擊人類對於真假是非的共同定義。格拉西莫夫原理的目的為「不安定化」（詳見頁九〇），再這樣下去，川普政府宣傳的那些謊話，也會有同樣的作用。「川普政府……在美國政壇造成一片混亂。」美國安全顧問羅拉・葛蘭特說。「川普要逼瘋新聞工作者，有一天我們真的會被他搞瘋，這樣他就可以跟他的支持者大搖大擺地說：我不是早跟你們說過新聞工作者是瘋子。」《紐約時報》專欄作家湯馬斯・佛里曼（Thomas L. Friedman）預言道。

法國史學家派區克・布雪龍（Patrick Bouchron）曾經分析川普之流的政治人物。他把這種人稱為「政治小丑」：「沒有任何事情可以使他難堪，因為他本身已經夠難堪了。當謊言本身已經顯而易見時，也沒有特別的必要指稱為謊言了。」

反駁說謊的人難道一點用處都沒有？此外，他那些奇奇怪怪的陳述真的是說謊嗎？格拉西莫夫原理的信徒只是在說謊？假新聞是在說謊？謊言真的是真理的可怕敵人？

關於真理、謊言——與放屁

如前所述，要定義真理並不容易。在《聖經》的第八誡就不是說「你必須說出真理」，而是「不可作假見證陷害人」——也就是說人不該講不確定的事。這裡沒有提到謊言，因為謊言只是真理反方的極端。所以，其實灰色地帶很大。

這片灰色地帶中還存有一個重要的陳述範疇：叫放屁，也可稱為胡說八道或無稽之談，但是後面這兩個名稱聽起來溫和多了。用源自英文的

Bullshit，也就是放屁來形容這個範疇裡陳述貼切多了。美國哲學教授哈利・法蘭克福（Harry G. Frankfurt）對此有精闢的分析。他用了一個慣用語來形容放屁，而且非常貼切：某個人的嘴巴裡呼出很多「熱氣」[9]，「從資訊內容角度來看，說話和純粹呼吸根本沒有差，有說跟沒說一樣。」

這句很有畫面感的句子出自哈利・法蘭克福（Harry G. Frankfurt）的一本散文。一方是致力重現真理的人，另一方是臣服於某種外力下的說謊者：「想要……成功編織謊言的人，必須把違反真理的想法建構在真理上。」法蘭克福寫道。他得把假的裝得跟真的一樣，他知道世上有事實與真相，也知道事實與真相具有力量，使人堅信不移。為了說謊，他必須掩蓋事實，或是模仿真相。政治哲學家漢娜・鄂蘭也提過：「說謊，就是刻意否認真相。」說謊很累，謊言必須小心用細節架構，而且還得大費周章維護。

9. 譯註：full of hot air 指一個人話很多，但是完全沒有內容。

法蘭克福為謊言下了總結：「說謊的人知道真理的存在，至少也懂得尊崇真理。」因為他懂得模仿真理，深知真理價更高，也明白人類較相信真理。

然而，以上的描述並不適用於那些滿口「另類事實」、「後事實時代」或把記者盡心呈現客觀事實的文章批評為假新聞的人。這些人滿口屁話，放屁者說的話在灰色地帶朝向謊言方向移動。他們說話跟放屁一樣，完全不顧事實的存在，今天說這樣，明天又改口說那樣。法蘭克福的定義是這樣說的：「放屁者在外面遊蕩，既不屬於真的那一方，也不屬於假的那一方。他跟正直的人不同，也跟說謊的人不同，他只在乎事實是否能讓他達成目的。至於他的想法到底是否能正確描述事實，他完全不在意。他只是隨目的挑選一個適合的道理，然後強詞奪理。」法蘭克福以這個觀點為放屁下了定義：「正因為跟真理沒有任何關聯——事物到底是不是真的完全無所謂——我認為這就是放屁的本質。」

用這種方式放棄忠於事實與真相的人，也忽略了忠於自己。放屁者需要有點創意，但是陳述時天馬行空，用不著跟說謊者一樣小心謹慎、分析應對，完全是即興演出和幻想。

仔細研究法蘭克福的看法後，很難不聯想到川普之流的人，也很難不與前面所提的假新聞例子做連結，因為假新聞只拿有利的事實當工具。重要的是法蘭克福的結論：「放屁者並沒有反駁真理的權威性，也沒有如說謊者一樣忤逆真理。他只是不把真理當一回事，因此，說謊者不是真理最大的敵人，放屁者才是。」因為屁話都是自己的意見，所以法蘭克福的分析和前德國總統約阿希姆．高克的體認不謀而合，高克引用尼采的話：「謊言不是真理的危險敵人，信念才是。」

哈利．法蘭克福的這本關於放屁的散文一九八六年就出版了。這表示，放屁這個問題並不是現在才出現的。但是放屁沾染上政治氣息，從沒有如此嚴重過。一個對謠言、八卦、醜聞趨之若鶩的西方現代社會，的確是孕育假新聞、操弄、尤其是政治宣傳的溫床。人比較容易忍受屁話，因為聽起來跟謊言不同，比較不像是針對個人的侮辱。

法蘭克福的理論所揭示的，也可從假新聞亂象得知，放屁和假象都有可能危害民主制度。前德國海盜黨政治人物瑪麗娜・維斯班特（Marina Weisband），心理學家出身，目前為德國政治教育扎根計畫的主持人。她從川普上任以來，就不停呼籲不該容忍謊言及屁話。她也把這種現象和蘇聯的資訊扭曲手段聯想在一起：「電視播放的當然是絕無僅有的農作大豐收，但民間商店裡的貨架全是空的。」她補充說明，蘇聯當時的謊言和川普政府的謊言背後其實是同一個系統：「人喜歡拿新資訊和自己所知的比較。如果和原本的所知相同，他們原本的信念就會更堅定。如果新資訊和所知相左，就會產生認知不協調障礙[10]。人會避免以自己所知去適應新的知識，因為這是一種不舒服的狀態。然而，這卻是我們學習的過程。」不過，她繼續解釋，忍受認知不協調是耗費心力的事。舉個例子來說，雖然數位化社會提供了網路上無所不在、隨時可得的資訊，可是很多人因此受不了而弄不清是非。讓人受不了是川普計謀的一部分：「當我對你說：『天空是綠的。』我的目的並非要你馬上相信我。我真正的目的是，不停重複這個說法，直到你忍受這個矛盾的力量消耗殆盡，最後對我說：『這是你的意見，我認為天空是藍的。看來要客觀確認天空的顏色是不可能的。』」

如果可以成功引發大家來討論這個似是而非的議題，那麼資訊扭曲的戰略就成功了。人類本來就認同的真理竟然需要被重新拿出來討論，這時要製造混亂的人就得逞了。這現象也與法蘭克福的論述吻合，放屁者經常

10. 指若觀察兩者，就會產生錯亂。

認為，人壓根不可能知道事物的真相為何。「我們竟然為了顯而易見的道理爭執。」持續面對翻來覆去的矛盾下，我們筋疲力竭放棄了──明明就是假象，卻漸漸溜進我們的世界，先是鑽進我們的所思所想，再混進事實真相的範圍。如果問題只是川普就職典禮到底有多少人觀禮，我們笑一笑就算了。然而，維斯班特強調：「這個機制一旦鞏固了，別的問題要說謊就容易多了，比方說：『穆斯林都是罪犯。』」這種毀滅性的毒藥在論述文化裡慢慢發酵，一直到我們覺得所有的資訊都一樣令人懷疑，不管資訊是從哪裡來的。法蘭克福也說，真實世界的正常觀察很有可能遭毒手，也有可能完全消失。這樣一來，政治表述教育和辯論文化會面臨末日──也是新聞文化的終結。「滴水穿石」，維斯班特挑釁地下了結論。

我們每個人──所幸有觀察能力──都能洞悉扭曲的資訊，不管是謊言還是放屁。

資訊——事關啟蒙

分析至此，我們要將論點放在社會如何面對假新聞現象，以及討論一個長久以來被視為理所當然的價值。終究，理性在現今社會的價值還剩多少？瑪麗娜．維斯班特指出，每個人都可以運用自己的觀察力，善用五感。「就像啟蒙時代的教誨般，善用感知管道。」維斯班特說道。也就是說，我們要整裝對抗假新聞、謊言、政治宣傳和屁話。不過，該怎麼做呢？

「知識就是力量」——哲學家教授兼作家彼得．畢耶里（Peter Bieri）在〈受點教育如何？〉一文中提示我們這個亙古相傳的妙方。畢耶里說：「有受教育的人懂得找對方向，知識可以讓你免為犧牲者。有智識的人比較少被欺騙，也不會成為別人利益棋盤裡的棋子，不管是政治上還是宣傳廣告。」畢耶里寫道。受教育的目的在於達到「思想上不受賄賂」的狀態，但是，我們如何抵達這個境界？

最重要的一點是，問自己很多問題。比方說畢耶里建議：「我的信念有根據嗎？這些根據可信嗎？它們真的證明了如表面上證明的東西？」如果是別人的論述，問問題有助於區辨花言巧語和有內容的思想，畢耶里說。他建議了以下兩個問題，一為「確切的意思為何？」，二為「我怎麼知道事實果真如此？」不斷問這兩個問題，可讓人「不為花言巧語、洗腦話術和邪魔歪道的組織所騙」，畢耶里說道。同理，這兩個問題也是可用來對抗假新聞的良方。

這裡並非指人人都保護自己，避免成為假新聞的犧牲者。從社會角度來看，社會上民眾如能理性思考，也是好處多多。「勇敢善用你的理性」，是啟蒙運動哲學家康德提供的第二個妙方，也是對每個個體的呼籲。

啟蒙運動發展超過百年，是許多人抗爭的結果，有些人甚至犧牲了生命來捍衛理性價值。經歷了很長的歷史演變，我們才得以生活在現今這個理性啟蒙的社會。假新聞現象帶來的挑戰，使我們每日得重新搏鬥，爭取理性價值。理性的果實並非理所當然的，已經獲得的東西若不維護，是無法持久延續的。啟蒙運動「並非從天上掉下來的，更不會一直存在下去，在美國不會，在法國不會，在德國也不會」，《南德日報》記者賀黎伯特・潘特爾提出警示。目前的局勢強迫社會為了啟蒙運動的價值而奮戰。

我們如何有效對抗假象呢？有一個著名的實驗是這樣的：你告訴一組人，他們不要只想著白熊，另一組人的任務則是想著白熊，結果第一組人會跟另一組人一樣，不停地想著白熊。這個實驗告訴我們，人只能有限度地操縱思想。假新聞也是一樣的道理：我們會記得這些內容，就算知道這些內容不是真的。新聞工作者賽巴斯提安・赫曼（Sebastian Hermann）仔細探討過這個問題：「我們腦子裡會有個模糊的印象，好像在哪裡看過還是聽過這樣的內容，」赫曼解釋道。「『覺得』某些陳述很熟悉，就信以為真。」如果你跟人說某個事件不是真的，他的腦子裡會有個空缺，這個空缺必須用其他新的資訊來補，才不會讓假話謊言有機會占了記憶裡的空缺。把假新聞當謊言刪掉是不夠的，我們必須給大腦「新的敘述」，用另一個故事把謊言故事蓋過去。可用的資訊比方說有：背景的描述、這則假新聞的主謀者是誰，他的動機是什麼？或者，發揮一點創意。赫曼給了一個不錯的例子，有一回川普在推特上貼文表示，瑞典昨夜發生了可怕的大事。赫曼加了一個話題標籤「＃昨夜瑞典」，很快跟病毒一樣到處流傳：「瑞典沒有駁斥謊言，而是用前一天在瑞典發生的事件塞爆網路：斯德哥爾摩有個警察追蹤酒駕駕駛；有個八十七歲的創作歌手維托．維斯特（Owe Thörnqvist）在大型音樂祭的舞臺上出了技術問題；拉普蘭區有條街因為雪崩警訊封路等。」這樣一來，瑞典人盡量不重複川普的貼文，推特使用者腦子裡只會出現一堆在「＃昨夜瑞典」貼文中提到的瑣碎小事，這些印象會蓋過原本川普想要傳播的「瑞典昨夜發生了可怕的大事」。「謊言很難徹底消滅，」赫曼下結論說，「重要的是把說謊者的觀眾搶走。」

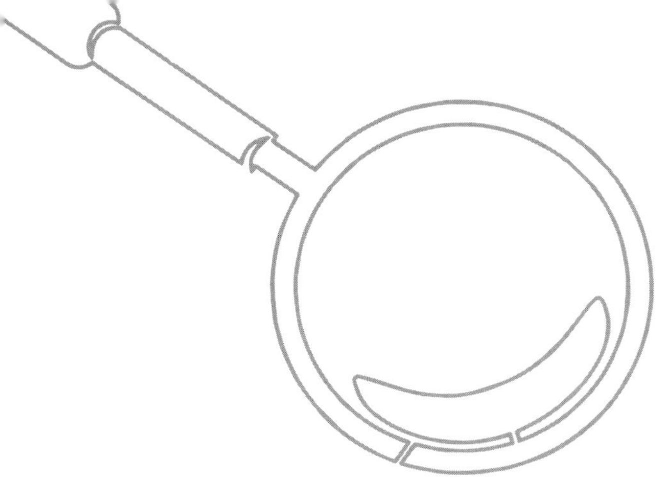

第4章

對抗假新聞之戰

真理需要全力捍衛，這一點現在很清楚了。然而，相信真理，或者相信真相報導的確存在的信念，也必須重新鞏固，有些人甚至得重新開始建立相信真理的信念。

假新聞的危險性和權利潛能清楚擺在眼前，不相信假新聞的人也意識到每日必須為啟蒙而戰的事實，政治界、新聞編輯和矽谷都開始集思廣益，思考如何制衡假新聞。最難的挑戰是辨認哪些資訊是假的——這可沒有表面上看起來那麼簡單，尤其是表達意見的言論和假新聞之間其實只有一線之隔。

政治採取的策略

由於恐怖主義的政治宣傳、教唆謀殺、虐待動物的影音圖片、反猶太的挑撥言論也會在社群媒體散播，如：臉書和推特，這些社群平臺當然必須採取動作。光是臉書使用者，一天就有十三億人之多，德國的臉書就有三千萬個活動中的臉書使用者。其實有很長一段時間，臉書只是純粹的溝通工具，和電信業者提供的服務差不多，所以他們也沒有責任管制使用者在電話上談論可能違法的事，理由是不干涉使用者的資訊交換。但是，這個觀點已經改變。

問題是，政治如何阻止犯罪言論在網路上公開及迅速散播。這些內容必須消滅——必須依照德國法律規定的範圍，不是依照臉書自行訂定的標準。

德國外交部長海科．馬斯（Heiko Maas）多次與臉書、谷歌、推特的代表商討解決辦法，希望廠商能自我管理，然而這些努力的成效有限。德國網路青少年保護機構 jugendschutz.net 的調查指出，YouTube 刪除了百分之九十被檢舉為犯法的影音，臉書卻只刪除了百分之三十九的檢舉案件，推特根本只有百分之一。「臉書只做最低限度的必要措施」，資訊科技法律學家全瓚朝（音譯：Chan-jo Jun）表示，他和這些集團有多次交手經驗。

由於要求廠商自我管理並沒有成效，無法有效抑止犯罪性內容及仇恨言論，時任司法部長馬斯提出了網路實施法，二〇一七年聯邦議會通過。這個法律規定網路企業如臉書、谷歌、推特必須將違法的使用者貼文在二十四小時內移除。若是無法立刻辨識為違法的內容，可寬限一個星期，或者跟國家監督的獨立仲裁單位通報。不過，這個所謂的仲裁單位根本沒有成立，運作流程也還不明朗。除了檢舉案件的管理外，這些公司每半年必須公開提出報告，報告刪去的內容有哪些。另外，由於這些公司對於警方或聯邦憲法保衛局的問題，不是回答得很慢，就是根本沒回答，所以公司必須派遣代表向刑法司報告。如果這類網路企業沒有遵守這些新規定，將會處以五千萬歐元以下的罰鍰。

德國是第一個嘗試要求臉書負責的民主國家。雖然其他國家也非常認同這個法律，認為這個方向是正確的，但是德國在地的評論聲浪不小。特別讓人詬病的是，臉書這樣的企業被迫要扮演法官的角色，自行決定哪些資訊是須制裁的。執行法律應該是國家最高單位的任務，如此一來，連這個任務都被「民營化」。反對這種說法的論點則是，臉書早就根據自己的「社群標準」決定哪些貼文是可以放行，哪些是不准的，而且早已執行刪除動作，只是臉書並沒有公開這些標準。

最常見的第二項批評就是這個法律等於允許了臉書進行審查制度。在有疑慮的狀況下，公司可能寧願選擇刪去貼文，以避免鉅額罰緩。這種策略稱做「過度封鎖」。反方意見則認為臉書為了財務利益，本來就會盡量讓使用者發表更多文章、分享或點讚。

極少公開表態的臉書本身也發表了對網路實施法的看法。他們的公開聲明指出，國家不應該把公眾任務轉嫁到私人企業。公司本身並沒有接受過訓練的專業人員，決定哪些內容該刪除。這個理由對於季利潤達二十四億美元的公司來說，有點牽強。然而，臉書並沒有打算提告抗議這個法律。根據《法蘭克福匯報》的說法，反而德國民眾提出告訴的可能性較大。

社群媒體採取的手段

對美國的大企業來說，他們的首要任務並非發掘真相贏得世人信任，這也不是他們努力的目標。使用者的世界觀對企業來說一點也不重要，關鍵是使用者的消費行為。只有跟消費相關世界觀會引起公司的注意，這種思維完全是基於商業利益。不過，臉書最近也意識到，如果假新聞、暴力影音和政治宣傳在他們的管道流傳的話，公司名聲形象會受損。公司形象也是重要價值，因此，他們的行動也積極一點了。

就算企業本身願意承擔責任，制衡假新聞的傳播、對抗假新聞的挑戰仍然是困難重重。第一個問題為法源依據，在美國，也就是臉書總公司所在地，言論自由的尺度比德國大得多。德國的基本法將言論自由放在第五條第二款（詳見頁一〇一）；而在美國憲法裡，言論自由相關的限制卻都在專法和法院裁判中。引用德國聯邦議會的公報說法：「在美國，言論自由『幾乎優先所有的個人權利』。」但在德國，美國的企業就必須遵守德國刑法了；此外，新的網路實施法也要求這些企業採取行動。

在網路實施法正式生效以前，臉書的執行長馬克．祖克柏（Mark Zuckerberg）已經公開表示，臉書將增聘三千名的內容管理員來檢查臉書使用者張貼的內容。臉書在全世界聘用七千五百名內容管理員，目前臉書使用者約有二十億，也就是一個內容管理員必須管理二十六萬六千六百六十六名使用者的貼文。管理員如何在大量資訊下執行任務，又是另一個問題。

然而，臉書還研擬了另一個方法，也就是和全世界結盟對抗假新聞，尤其是和願意檢驗臉書張貼的報導真實性的新聞編輯。比方說，經常有許多犯罪新聞會在臉書流傳，而這些案件根本沒有發生過。這種案件只有專業新聞工作者可以釐清。

在德國，有一個公益資訊中心名為《糾正》（*Correctiv*），正在評估臉書這個計畫的可行性。《糾正》資訊中心的主任大衛．史拉文（David Schraven）表示這個任務的挑戰為：「如果有人在貼文寫他覺得聯邦政府因為仇恨，計畫要交換人民，雖然這是胡說八道，但是這是屬於必須接受的範圍（因為這是言論自由）。如果有人寫了聯邦政府有交換人民的計畫，那我們就必須檢驗，到底這樣的計畫存不存在，或者至少有這個計畫的相關線索。如果這個計畫不存在，或是沒有相關線索，那我們就會標記這則原始貼文，並加上我們的評論。我們不會刪去這則貼文，這樣做可以讓讀者自己判斷，原始貼文和我們的評論何者正確。」

這類假新聞就會被貼上「臉書之外的事實查核者提出質疑」的警示。此外，這類文章上應該註明和假新聞內容矛盾之處為何。如果文章還是被推薦或分享，這些警示還是會隨著分享貼文一起出現。

此外，很多矽谷的大企業也正在考慮採取其他措施：比方說讓散播假新聞的網站無法透過谷歌或臉書取得廣告收入。這種做法可能會觸及假新聞網站的痛點，因為的確有些人特別利用假新聞，或根本完全只用假新聞來賺錢（詳見頁八〇）。

另外一個網路界的巨人——谷歌，已於二〇一六年秋天在部分國家引用事實查核標籤，也就是在谷歌新聞或搜尋，增加資訊來源或真實度標籤；必要的話，谷歌會增加其他可靠來源的文章。

此外，遇到比較爭議性的議題時，谷歌未來會提供可靠媒體的文章，這些媒體本來就有檢驗事實的傳統。根據演算法被歸類為正統資訊來源的文章，也會優先出現在搜尋結果列表裡。

谷歌的子企業 YouTube 通常很快就會適度刪去被檢舉的影音，檢驗有疑義影音的方法也愈來愈完善。

接下來的日子裡，對抗假新聞之戰要做的事情還很多。法律界有人開始構思，程式設計師也在想新的主意。《南德日報》報導，有一名大學生安那特．高爾（Anant Goel）設計了一個新的程式，可以讓社群媒體內假新聞現形。他的軟體會先使用可靠資訊來源名單來評斷文章的來源，名單上都是小心查核事實的媒體，例如：《紐約時報》就在名單上。這個軟體也會檢驗文章的內容，先把表達意見的評論過濾出來，只留下事實陳述的部分。事實陳述的部分會與同議題其他文章對照，之後軟體再根據來源及比對結果給分，這個積分稱為「真實度」。如果「積分超過臨界值，這個文章的連結就通過認證」，安那特．高爾說。「沒有超過臨界值的文章，就會被標記為假新聞。」

新聞工作者和新聞編輯使用的方法

川普就職以後，多次宣稱他正處於對抗媒體的大戰中。被他稱為「假新聞」的媒體，如《紐約時報》、《華盛頓郵報》，反應得非常得體，堪稱典範。《華盛頓郵報》的總編輯馬帝．拜倫（Martin Baron）只是非常理性地表示：「我們不是跟政府在作戰，我們只是在工作。」「每一回他跺跺腳，我們的銷售量就會上升，從生意的眼光來看還不錯。其實，他不自覺地幫了我們。」《紐約時報》的專欄記者吉姆．魯滕伯（Jim

Rutenberg）對川普的攻擊評論道。在美國，因為發行量曲線上升走向，這種趨勢被戲稱為「川普衝擊」。舉例來說，《紐約時報》二〇一六年第四季的發行量創歷史新高，有三百萬份。二〇一七年第一季數位版訂戶多了三十萬八千人——創下空前的紀錄；此外，有線電視新聞網（CNN）的收視率也提高了。

被指責為「假新聞」的媒體，反應算是冷靜的。但是，世界各地的新聞編輯有沒有採取任何手段對抗真正的假新聞呢？第一步當然得先定義假新聞，儘管這一步已是老生常談。再來，媒體也下了很多功夫，教育民眾假新聞的來龍去脈。《紐約時報》樹立一個良好的典範，花了五百萬美元在調查報導上（詳見頁一二四）。德國部分媒體也查核節目類型或成立了調查小組，對抗假新聞，比方德國電視二臺與德國電視一臺。這幾年，此類的事實查核動作，不僅在電視臺，在平面媒體或網路平臺，也愈來愈重要。這些識別的格式名副其實，例如：《法蘭克福匯報》或西德廣播公司的「事實查核」，另外還有《每日新聞》的「事實發現者」及《時代報》的「假的還是真的」。這些檢驗過的文章必須即早傳遞到讀者手中，而不是等到假新聞已經傳得沸沸揚揚才公布。用這種方法，讀者可以即早打一劑「預防針」。可惜的是，這類報導只能影響社會的一小部分民眾，而這些民眾是本來就比較傾向信任正統媒體的。

然而，目前也興起了另一種新的報導呈現方式，是針對新的需求發展出反應之道。比方說，喬治．馬斯寇羅便語重心長地提醒新聞工作者應該多承認：「我們不知道、我們無從判斷、再給我們一點時間整理資料和追查。」對於狀況未明的案子，新聞工作者可能會在不同的頁面加註說明「就我們目前所知／我們不清楚的是」的用語。這種類型的報導也會納入一些線上即時流傳的謠言，所以讀者也能知道哪些消息是確認過的、哪些不是。

最後，也有很多新聞編輯正在設法提升新聞工作的透明度。比方說，在公開聲明中（詳見頁五十九）把讀者投書公開，提供開放式的評論，批評自己的新聞報導中的錯誤等。新聞工作者也提供聯絡互動的機會——這個方法還滿新的，譬如《明鏡》文章下方有時候會附上作者的電子郵件信箱或推特帳號。同時，新聞工作者也盡量揭開新聞工作黑盒子的神祕面紗，譬如在《時代報》有些文章會有「故事背後」欄位，敘述報導過程相關故事。

法院的功能

報導內容發生爭議時，最後當然是法官得做裁決。根據被告的回覆和提告者的毀謗、侮辱、威脅或煽動告訴，他們會判決罰緩金金額或刑罰。

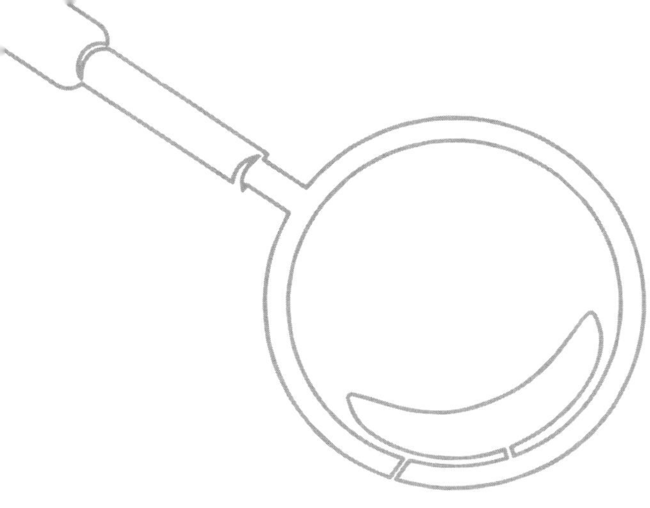

第5章

你對新聞工作者該期待些什麼？

新聞工作者是獨立單一的個體，他們為你工作；新聞編輯和媒體的存在是為了提供民眾資訊、解釋、教育與發現。除了憲法賦予他們的任務，新聞工作者通常也有他們個人的職業動機：展現「世界的靈魂」，如同約阿希姆·弗立得立希斯形容的一般。

然而，某些狀況下，讀者和新聞工作者的關係竟然已經失常到，讀者要用「謊言媒體」或「假新聞」來謾罵新聞工作者（詳見頁五十一）。要怎麼做才能改善這個惡化的關係呢？民眾能要求新聞工作者和新聞編輯什麼？你們可以期待什麼？

首先，新聞工作者應該遵守從業規則；也應該抵抗昔日誘惑，努力追求原汁原味的多元性，避免隨波逐流；遠離醜聞化和點擊誘惑式的報導；除了報導遠方的世界，別忘了看看就近一般民眾的真實生活，探究市井小民的問題；把新聞工作透明化，讓每個人都看得懂，跟讀者解釋為什麼某個來源比另一個來源更值得信任；盡可能保持中立，在報導中標示哪些是客觀事實，哪些為主觀意見；辯論時呈現多方意見，並且提供論述思維和脈絡；有勇氣承擔錯誤，並公開修正；對於嚴重侮辱、威脅及攻擊新聞工作者的人提出告訴。「信任並非理所當然的，」依蓮娜·內瓦拉寫道，「除了對媒體的正面信任感，清楚知道大眾傳播媒體如何運作，也有助於增強讀者和媒體的互信。」

也許沒有必要跟公共關係專家李查·艾得曼呼籲的一樣，讀者必須把新聞工作者當成「認識的人或家庭裡的一分子」。然而，總結來說，新聞工作者應該重回人群，好好經營與讀者的關係。上述的行為建議可能有助改善兩者之間的關係。

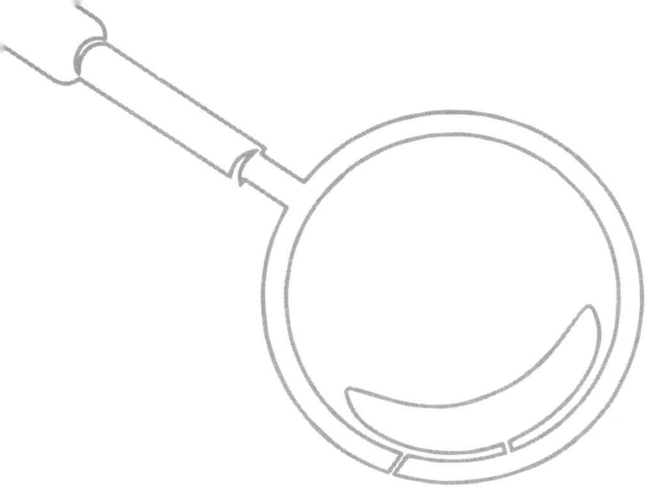

第6章

你可以怎麼做？

最重要是認清一個事實：身為媒體的消費者，不代表你就被強迫加以被動者的角色。每個人都可以採取行動對抗假新聞，過去那種媒體為資訊傳送者，消費者為純粹的接收者的時代已經過去。「新聞工作者和讀者的分野已經不存在了」，提摩西・賈頓・艾許說。你們現在是主動的媒體參與者，你們可以藉由評論、分享、連結、批判、散播和表決，成為訊息使者，所以你們也應該負起責任：在社群媒體採取任何動作前，都應該深思熟慮，想想啟蒙運動，善用理性思考，以批判性的思考面對資訊，彼得・畢耶里的建議（詳見頁一六三）非常有用。

如何避免假新聞到處流竄，有幾個問題特別重要。比方說，這個資訊的來源在哪裡。尤其是在社群媒體收到資訊時，要轉發之前，你必須追問：這個資訊是哪裡來的？背後是可靠的新聞編輯嗎？這樣便可以多少放心點。如果資訊來源不清楚怎麼辦？那更應該仔細瞧瞧：是誰散播這則資訊的？是某個網站還是免費發送的雜誌？德國新聞工作倫理規範規定必須註明版權聲明，也就是每個媒體都必須有個頁面，標明誰為頁面的內容負責。這樣一來，也許你們就知道該媒體的資助者是誰。考量評估媒體的可信度時，這一點很重要。

你們也可以用這個準則去檢視自己常用的媒體。如果你們發現無法百分之百確定來源或資訊是否正確時，先等等！先別急著分享——先調查一下。

這個原則也可用在周遭的人身上：問問你的父母、老師及朋友，他們的資訊是哪裡來的。愈是不可思議的故事，愈應該查清楚來源。

找一個或兩、三個可靠的媒體，不管是報紙、網站、電視新聞或廣播節目。大部分的媒體都有社群媒體的管道、應用程式或其他數位服務，先參考依照專業標準工作的新聞編輯，或者正統的地方報紙。規劃你收聽或收看新聞的時間，比方說每天早上整點時收聽廣播節目的新聞，或者早上洗澡時收聽。每天打開一次新聞應用程式，造訪新聞平臺的網站，每天收看《每日新聞》等。萬一沒有時間，《每日新聞》在網路上有個一百秒的濃縮版本。

如果你們能規律地做到這些，你們就大概可以對世界大事有個基礎的概念，也可以培養專業新聞的嗅覺。這可以讓你們的直覺更敏銳，更容易辨別假新聞。

從以上描述的假新聞案例，你應該已經瞭解假新聞背後都藏著某種利益，大都事關政治利益。為了避免遭人利用，馮德萊恩提供了一個有用的建議：如果你不信任某則新聞，你便該問：「*Cui bono*？」這是拉丁文，意思是「受益者是誰？」如果大家都相信假新聞裡的內容，誰所獲的利益最大？

如果你們不相信資訊來源，在可靠的媒體也找不到相關資料時，你可以想想為什麼資訊還是散布得這麼快？是要煽動某種政治氛圍嗎？這新聞是不是針對某些特定少數團體呢？用這種爭議性的問題，是否是要煽動民眾情緒？這些方法可以讓自己不成為假新聞的受害者。如果你覺得某個媒體或某個新聞工作者違背了新聞工作倫理規範的原則，那便善用你的民主權利，跟新聞委員會提出申訴，只要上網便可以提出。

在學校討論新聞裡出現的議題，問老師如何在媒體世界找到方向；和同學組成討論團體，比較不同媒體報導的內容和方式。學習這些東西也是你的公民權利。

「我們可以自己做些事，創造沒有審查制度的、多元的、值得信任的媒體。我們需要這樣的媒體，來保障知的權利以便下決定，如此才能完整地參與政治」，提摩西．賈頓．艾許說。該怎麼以實際行動來達到這個目的呢？以負責任的態度消費媒體，也以負責任的態度面對資訊：注意你說的話、你分享和轉傳的內容——事先釐清，你是否確定這則消息是正確的。不要只是提出主觀想法就到處散播，也要進行論述；和朋友或家人辯論和討論，確認你聆聽了和你意見不同的論述，同時也給自己一點時間，想想是否某個觀點上，別人的意見也有可能是正確的。認真看待這些意見，就像你自己也希望被認真對待一般。

我們生活在一個政治討論被放在邊緣的時代，沒有人有政治溝通的意願，尋求中庸之道的政治溝通也乏人問津。人與人之間不再溝通，世界就沒有改善的可能性。所以，跟那些意見相左的人談話，想想前德國總統約阿希姆．高克的建議，小心分辨鄙視和批判之間的差別。討論就事論事，也別狂妄自負；和討論的對象平起平坐，即使討論終了時你仍然堅持己見，你會發現這樣的討論已經豐富你的世界視野。「穩固的文明亦即不畏爭執，勇於發聲和認真對待旁人……還有，別往心裡去。」──《明鏡》總編克勞斯．柏林克包依姆建議道。

問問題，開口發言，勇敢提出自己的意見——無所謂是最不可取的態度。事關你們的未來，現今為民決策的人有一天終會退出，到時候便是你們主宰社會的時代。你們肩上承擔著責任，即便你們還很年輕。

國家圖書館出版品預行編目資料

假新聞【21世紀公民的思辨課】 / 卡洛尼娜.庫拉(Karoline Kuhla)著；顏徽玲譯. -- 初版. -- 臺北市：平安文化, 2020.11

面； 公分. -- (平安叢書；第663種)(我思；2)

譯自：Fake news

ISBN 978-957-9314-76-3(平裝)

1.新聞學 2.大眾傳播 3.媒體素養

541.83 109014868

平安叢書第0663種

我思02

假新聞

21世紀公民的思辨課

Fake News

作　　者—卡洛尼娜・庫拉
譯　　者—顏徽玲
發 行 人—平雲
出版發行—平安文化有限公司
台北市敦化北路120巷50號
電話◎02-27168888
郵撥帳號◎18420815號
皇冠出版社(香港)有限公司
香港銅鑼灣道180號百樂商業中心
19字樓1903室
電話◎2529-1778　傳真◎2527-0904
美術設計—李偉涵
著作完成日期—2017年
初版一刷日期—2020年11月
初版二刷日期—2021年10月
法律顧問—王惠光律師

讀者服務傳真專線◎02-27150507
電腦編號◎576002
ISBN◎978-957-9314-76-3
Printed in Taiwan
本書特價◎新台幣299元/港幣100元